家族でテキ屋をやっていました

元テキ屋
あんず飴売り
高田

彩図社

はじめに

「うちのネタは〝デンキ〟と〝スイネキ〟だけど、ショバはどこにしましょう?」

ある夏の昼さがりのこと。都内の神社の境内に私の父の声が響きました。

ほどなくして指定された場所に機材を広げ、手早く何かを組み立てていく父と母。

小一時間ほどで完成したのは両親の〝仕事場〟である屋台でした。

周囲を見渡すと、父と同じような出で立ちの人たちが慌ただしく作業をしています。

「うちは〝タコ〟なんだけど……」

「うちのネタは〝オコノ〟と〝フランク〟!」

呪文のような言葉が飛び交う中、いかつい風貌の男性が図面を見ながら細やかに指示を出し、「受付、済んでるよな?」と確認していきます。

そこから少し離れた広いスペースに組まれた櫓《やぐら》。やがて太鼓などがセッティングされ、夜の帳が下りるとともに祭りが始まるのでしょう。

私は夏になるたびにそんな光景を見てきました。

最初は父の邪魔にならない場所で見つめていたものが、まさか翌年には自分が屋台に立って、商売をしているだなんて予想もしませんでしたが……。

私はテキ屋の娘として生まれ育ちました。

我が家は、数あるテキ屋商売の中でも、〝わたあめ〟と〝あんず飴〟を生業としていました。

そして、私自身も小学校の高学年になると、いろいろな事情が重なって、この商売に身を置くようになったのです。さらに5歳年下の弟も、後にこの商売をするようになりました。私の家は、テキ屋一家なのです。

私は途中で就職し、週末のみ手伝う〝兼業テキ屋〟なども経験しつつ、約40年ほどテキ屋の世界に身を置いてきました。いまでは商売とはすっかり縁が切れていますが、それでも、数年前までは週末になると御呼ばれした各地でその腕を振い、稼業にいそしんだものでした。

そんな私がこの度、とある縁があってこのような本を書かせていただくことになろうとは、あんず飴を売っていた日々からは想像もできないことです。

なんでもテキ屋の世界の裏側はあまり表に出ることがなく、興味を持たれる方が多いのだとか。たしかに、テキ屋の世界には独特なしきたりやルールがあります。一般社会の常識とは違うものもあるので、興味を抱くのでしょうか。そんなテキ屋の実態を当事者として書いてほしいとのことでした。

でも、最初はお断りしました。私が知っていることなど、業界全体のごく一部ですし、そもそも文章を書くことに関してはズブの素人です。それにテキ屋の娘であったことは必ずしも良い思い出ばかりではなかったからです。

世間では、テキ屋は反社会的勢力……つまり、やくざと同類だと思われていることが多いように思います。実際、私もこれまで何度となく「テキ屋ってヤクザでしょ？」と言われてきました。本を執筆を依頼されたのも、そうした〝裏のつながり〟を期待してのことだと、最初は思いました。

テキ屋の世界は、こわもての人が多いイメージがあります。たしかに、私の周りのテキ屋衆は一般の方々に比べれば怖そうな人が多かったかもしれません。

でも、実際は人情味があって、とても温かい人ばかりでした。

いま、そんな昔からの仲間は、景気の悪化や社会情勢の変化、そして世間の偏見などによって、非常に厳しい立場に立たされています。彼らを助ける、などというとおこがましいですが、私がテキ屋の本当の姿を書くことで、テキ屋を取り巻く状況が少しでも変わるならと思い、お引き受けすることにいたしました。

テキ屋は、義理と人情、そして粋の世界です。

令和の今になっても、昔ながらの精神が存在しています。

テキ屋は、普段どのような生活をしているのか。どうやったらテキ屋になれるのか。商売のネタはどうやって決めているのか。いったいどれくらい儲けられるのか。警察とテキ屋の関係など、40年のテキ屋生活で見聞きしたことを限界まで書かせていただきました。

賑やかなお囃子が聞こえてきます。さあ、祭りの始まりです。

知られざる屋台の向こう側に、みなさまをご案内してさしあげましょう。

『家族でテキ屋をやっていました』目次

【第二章】あんず飴売りの少女

【第一章】私の家はテキ屋でした

テキ屋の娘に生まれて

そもそも本書の読者はテキ屋の裏側を知りたい方が主でしょうし、私なんぞのことをツラツラ書いても仕方ないと分かっています。

しかし、話を進めるためにもまず書くことは私自身のことであり、我が家のことなのでしょう。

ですから、しばしのお付き合いをお願い申し上げます。

私自身は現在の立場や、これから書いていくことの内容、過去の関係者との兼ね合いもありますので、本名や素性を明かすことができません。ここでは高里杏子《たかさときょうこ》とさせていただきます。

〝高里〟は私が生まれた町と育った町の名前から拝借いたしました。名前の〝杏子〟は我が家が扱っていた〝ネタ〟があんず飴ということで、この筆名を使わせていただきます。

年齢は50代前半、現在は埼玉県某市に夫と2人で暮らしています。

10年前にテキ屋稼業の第一線から退きましたが、それ以後も数か月に1度くらいの頻度でお祭りがあれば手伝ってきました。しかし、新型コロナウイルスの影響もあり、2年前に稼業から完全に撤退し、いまは飲食店でパートタイマーとして働いています。25歳と23歳の娘は独立して、孫も2人います。

そんな私が生まれたのは、東京のいわゆる下町と呼ばれているエリアでした。

3歳のときに引っ越しているので、ほとんど記憶はないのですが、我が家を語るうえで東京下町エリアに住んでいたことは欠かせません。というのも、ここが私の父のテキ屋人生のスタート地点になっているからです。

父がテキ屋になったわけ

私の父は、戦後まもなく北関東の山間部の町で、乾物店の次男として生まれました。祖母から聞いたところでは、いわゆるガキ大将で伸び伸びと育ったそうです。

父は幼い頃から、商売をすることに感心があったと言います。

親の商売を見ていて「自分で物を仕入れて売ることが、手っ取り早く稼ぐ方法」だと気づいたんですね。勉強はからっきしだったそうですが、商売に興味を持ち、家業をよく手伝っていたそうです。

当時は娯楽が少ない時代。父は映画に夢中になりました。とくに好きだったのは、『国定忠治』や『清水の次郎長』といった任侠映画。その義理人情の世界に憧れたそうです。

この商売への興味と、義理人情への憧れ。これが後に、テキ屋へと繋がっていくことになるわけです。

そもそも父はどのようにしてテキ屋になったのでしょうか。

父のテキ屋になるまでの経緯は、みなさんがイメージする〝昭和のテキ屋像〟に近いものがあると思います。少々長くなりますが、ここで書かせていただきましょう。

ちなみに、これから書くことは、幼い頃に父から聞いた話に母の回想を交えたものです。うろ覚えなところもありますが、なにぶん、父が数年前に亡くなっているもので、本人に確認しようがありません。その点、ご承知のうえ、お読みいただければ幸いです。

任侠映画の影響で、テキ屋に憧れを抱いた父は、なんとかしてテキ屋になりたいと考えるようになりました。しかし、周りを見渡してもテキ屋はいない。そこで父は東京に出ることにします。東京の大きな祭りにいけば、必ずテキ屋はいる。そこで直談判すれば、仲間に入れてくれるのではないか、と思ったそうです。

父は中学を卒業すると進学せず、上京の資金を稼ぐために働き始めます。実家の手伝いをしたり、新聞配達をしたりしてお金を貯めました。テキ屋になるといえば反対されるため、上京の理由は周囲に秘密にしたそうです。やはり、当時からテキ屋のイメージはよくなかったのでしょうか。

そうして、たくさん祭りがやっているであろう夏がくると、父は家出同然で上京をします。父の実家から東京までは、いまでこそ特急電車に乗れば1時間強で着きますが、当時は鈍行を乗り継いで半日がかりで〝上京〟したそうです。父が15歳のときでした。

父がたどり着いたのは、入谷の朝顔市でした。

入谷の朝顔市は、毎年7月の6日から8日にかけて開催されています。

父は、そこでめぼしい屋台にかたっぱしから「雇って欲しい」と声をかけて回ります。しかし、色よい返事は聞けません。

いま思えば、これは仕方がないことでした。

父がこのとき声をかけたのは、自分と年齢の近い、若いテキ屋だったそうです。やはり自分の父親くらいの世代にいきなり声をかけるのは抵抗があったのでしょう。でも、若いテキ屋には決定権はありません。テキ屋のシステムとして、その〝シマ（祭りなどの開催地）〟で起きる出来事に決定権を持つ人物は限られます。だから若い衆は断るしかなかったわけです。

父はそれでもめげることなく、声をかけ続けました。貧相で着の身着のまま、いかにも田舎から出てきたばかり、という少年が可哀想だと思ったのでしょう。

「ちょっとそこで待ってな」

べっこう飴を売っていた人が、父に声をかけてくれました。その人は屋台を別の人に頼むと、近くにいた中年の男性に「親方……」と話を持っていったそうです。その中年男性こそが、後に父の師匠、というか親方になられる方でした。

私の物心がつくかつかないうちに、父が独立したため、この親方のことは知りません。しかし、話によれば東京の下町に拠点を置く一派を仕切る長であり、その周辺のテキ屋衆の顔役だったそうです。

話を聞いた親方は、一度は断りました。

テキ屋の稼業は憧れだけでやっていけるものではなく、テキ屋には独特のしきたりがあるため、中学を出たての子どもでは無理だと諭したそうです。

でも、父の決意は固く、意志が揺らぎません。それを見た親方は「通すところは通さなきゃなんねえんだ」と父の実家に電話を入れます。

後年になって祖母に聞いた話ですが、親方からの電話に腰が抜けるほど驚いたそうです。

そりゃあそうですよね、数日前に家出したと思ったら、「お宅の息子さんがテキ屋になりたいと言っているのですが……」なんて電話がかかってくるのですから。

ただ、驚くと同時に安心もしたそうです。家族は父が人さらいにさらわれたと思って、警察に捜索願を出していました。最悪の事態は免れたので、ほっとしたんですね。

最終的に、父の両親は父の願いを聞き入れます。そうして、父は晴れて念願のテキ屋になることができたのです。

父と母の出会いと結婚

それから、父の修行の日々が始まります。

親方の事務所に住み込み、丁稚奉公のような生活を送ることになりました。

当時の父の暮らしぶりについて、直接聞いていないので、詳しいことは分かりません。が、私の経験から言うと、次のようなものだったと想像できます。

テキ屋が屋台を出す祭りやイベントは、週末に行われることがほとんどです。

一番下っ端の若い衆は、仕事に慣れるために、兄貴分の手伝いとして、あらゆる屋台を経験させられます。そして、稼業のない日は事務所の電話番や掃除、親方や兄貴分たちのお世話をする……といった感じだと思います。

そうした雑用の中で徐々に認められていき、「そろそろやらせてみるか」となると一つの業種（屋台）を任されます。父はそうして「お面売り」の屋台を割り当てられました。テキ屋稼業に入って2年目のことだったそうです。

組織内でひとつの屋台を任されるようになると、住み込みは終了します。

父は事務所近くにアパートを借りて一人暮らしを始めました。

時間にも多少の余裕ができたので、休みの日には映画館に通うようになります。子どもの頃に好きだった任侠映画を観るためではございません。

窓口でチケットを売っていた女の子に会いにいくためです。そう、その女の子こそが私の母親です。母いわく、「お父さんは無理矢理ヒマを作って会いにきていた」そうですが、まぁ、母が言うことなので真相は分かりません。

母の家は江戸時代から東京に住む生粋の江戸っ子でした。

母は偶然にも父と同じ年で、親戚が経営する映画館で働いていたそうです。下町育ちということもあって、言葉づかいもチャキチャキの江戸っ子そのもの。だから私も時々べらんめえ口調になってしまうのですが……。ちなみに父は北関東独特の訛りがあったそうですが、母と暮らすようになると、商売柄もあってか次第にべらんめえ口調になっていったとか。母は性格がカラッと明るく、その点も私が引き継いでいると思います。

2人は付き合い始めて3年が経った21歳のときに結婚します。本当はもう少し早く一緒になりたかったそうですが、親方の「結婚は一人前になってからだ」という言葉が重かったそうです。親方にとって父は我が子のようなもの、母は地域でお世話になっている人の大切な娘さんという気持ちがあったのでしょう。

ここで気になるのが、母方の親の心境です。

やはりテキ屋という仕事はイメージがあまり良くないですから、さぞかし結婚に反対されたのでは？　そう思い、祖母が健在だったときに聞いてみたことがありました。

「え、すぐに結婚を認めたのかって？　別に反対はしなかったわよ。当時、私が住んでいた町には親分さんがいて、その若い衆もたくさんいたの。刺青をしていたり、見た目が怖い人もいたけれど、みなさん、とても気持ちが良い人だった。町内の清掃とか、率先してやってくれていたし。言ってみたら、持ちつ持たれつの関係もあったから、結婚と聞いても嫌だとは思わなかったわね」

テキ屋というと、どうしても粗暴なイメージがあります。

私自身もそのイメージに悩まされた経験がありますが、根底にあるのは義理と人情であったりもします。父と母の場合は、とくに下町という特有な地域の特色があったのかもしれません。

結婚後も母は「看板娘だったから」と映画館の仕事を続けていましたが、その1年半後に私が生まれます。その後、私が3歳になるかならないかのときに、東京にほど近い某県のM市に引っ越しをします。それは父にとっても転機になることだったようです。

M市を拠点にする親分のもとに

この引っ越しには、テキ屋ならでは、の事情がありました。

テキ屋の在り方は大きくふたつに分かれています。

ひとつは当時の父のように親方がいて、その組織に属して商売をするケース。もうひとつは色々な条件が揃って、組織から独り立ちして個人事業主として商売をするケースです。

父いわく、私が3歳の頃に親方が健康上の理由で勇退することを決断したそうです。親方は事務所を畳み、商売に関する全権を兄弟分に譲渡しました。その兄弟分が、父の新しい親方になることになりました。そして、その新しい親分が本拠地にしていたのが、M市だったため、我が家は事務所近くの団地の一室を借りて、新生活を始めることになったのです。

ちなみに私は今でこそ、小さいながらも持ち家で暮らしていますが、父は亡くなるまで終始、賃貸住宅に住むことにこだわっていました。それは「商売で家を空けることが多いのに、家に金をかけてらんねえよ。雨風をしのげりゃ、それでいいんだ」という考えだからです。

若い頃は収入もあまりなかったので、賃貸の方が都合が良かったということもあったとは思います。ただ、父は決してケチというわけではなく、子どもの誕生日やクリスマスにはケーキやプレゼントを用意してくれましたし、けっこうな頻度で外食もしていました。夏には家族旅行にも連れていってくれました。賃貸住宅に住むのは、やはり父なりのこだわりだったと思います。

M市でのテキ屋家族の日常

さて、このM市ですが、一般的には東京のベッドタウンとして知られています。

現在はいくつかの鉄道路線が乗り入れており、高速道路も通っているので、東京との行き来に便利なエリアです。しかし、私の子どもの頃は〝東京から一番近い田舎〟

なんて言われるほど畑や田んぼが広がる、かなりのどかなところでした。夏になると街灯の下にカブトムシやクワガタが落ちていましたし、近所の用水路には今となっては珍しいミズカマキリやゲンゴロウがいました。

このM市からの記憶はハッキリしています。

父は一つの屋台を任されていたとはいえ、我が家の懐事情は決してラクではありませんでした。そのため、母は給食センターで配送の仕事をしていました。当時の女性としては珍しく、運転免許を持っていたんですね。

その他にも、いろいろなパートをしていたようですが、私には〝給食センターのおばさん〟という印象が強いです。両親が忙しいときなどは当時、家に隠居していた母方の祖母がきて、家事や幼稚園の送り迎えなど私の面倒を見てくれました。

祖母が我が家に同居しなかったのは、祖母の家から電車で通える範囲だったということもありますが、父が平日家にいることが多かったのも大きかったと思います。

テキ屋の仕事は週末がメインになりますから、平日は仕込みなどをするものの、余裕があります。平日に事務所での仕事がある場合は、私が幼稚園に通っている間に済ませていたようです。それで、私の幼稚園が終わる頃に迎えにきてくれる……そんな生活サイクルでした。

そして夕方になると、母親が帰ってきて一家団欒となるわけですが、私はこの母が帰ってくるまで、父と一緒に待っている時間が好きでした。

父は手先が器用で、一緒に絵を描いたり、折り紙を折ってくれるなどして、遊んでくれました。おかげで私も折り紙が上達して、幼稚園の先生に鶴の折り方を褒められるくらい得意になりました。

袖口から覗く刺青

ここで父の風貌を紹介しておきましょう。

父は身長165センチくらいでしたが、それよりも小柄に見えました。筋骨隆々でしたが、猫背だったので実身長よりも小さく見えたのかもしれません。髪型は常に坊主で、半袖を着ると袖口からちらっと模様が見える……友だちのお父さんと比べると、ちょっと違うなと思いましたが、私には普通でした。そんな厳つい風貌と父が器用に折り紙をする姿は、いまとなってはやや滑稽に思えます。

父は私をとてもかわいがってくれましたし、怒られたこともほとんどありません。細かいことをあまり気にしない、大らかな性格だったと思います。

ただ、仕事柄でしょうか、祭りや神社に出入りすることもあって、方角や六曜については強いこだわりがあったようです。

印象に残っているのは、私が失敗を繰り返した日のことです。父はそんな私を見て、こう励ましてくれました。

「六曜じゃ、1日がすべて良いっていうのは大安しかないんだよ。あとの5日間は何だかんだで悪いことが起きても仕方ねえってことよ。気にするな！」

父のこの言葉には、6日間のうちに1日でも良い日があればありがたい……そんな意味も込められていて、今も私の心の糧になる言葉だったりします。

そんな父の姿を絵に描いたことがあります。

幼稚園で父の日が近付くと「お父さんの絵を描きましょう！」となりますよね。

そのときは〝お父さんの働いているところ〟がテーマでした。

このとき、私が描いたのは父が折り紙を折っているところでした。実は父が何の仕事をしているか分からなかったのです。当時は「父ちゃんの仕事はなんなの？」と聞くと、父は決まって一言「商売だ！」。これで終わりだったからです。

父の職業を知るのはこの1、2年後でしょうか。

ちなみに、夏になると袖口から見えていたあの模様に関しては、絵に描きませんでした。

子ども心に何かいけないものであると思ったのではありません。単に描くのが面倒くさかったから。私、子どもの頃からけっこう大雑把な性格なのです。ここも母譲りと申しましょうか。

私がその血を色濃く受け継いでいると自負している母は父よりも背が高く、少しふくよかで、一言でいえばマンガなどに出てくる下町の肝っ玉母さんのようでした。自分のことに関しては大雑把な感じで細かいことを気にしないけれど、他人に対しては細やかな気づかいをする世話好きな人です。若い頃から母は映画館の受付や飲食店勤務、販売員など、人と触れ合う仕事を好んでやってきましたが、その性格が後々、我が家を支えることになります。

平日の昼は働いていたので、私が幼い頃の母の印象は朝ごはんを作ってから、化粧など自分の用意をして幼稚園バスまで送り出して自分も出勤。夕方6時頃に帰ってきて夕飯の用意……と、いつも忙しそうにしている印象が大きいです。それでも授業参観には積極的にきてくれたり、今、振り返っても普通のお母さんという感じだったと思います。

また、幼稚園のときは週末は父が商売で家を空けてしまいますから、母と2人で過ごすことが多く、映画や動物園などに連れていってもらいました。

きっと母なりに娘を寂しがらせてはいけないと思っていたのでしょうね。

このような生活でしたから週末、休みの日に家族3人が揃った記憶はほとんどありません。

初めての職場参観

そういえば、幼稚園児だったときに、初めて父の〝職場〟を見ました。

土曜日か、あるいは日曜日か。母と2人で上野動物園へ行った帰り、母がおもむろに「いまから父ちゃんに会いにいこう!」と言い出したのです。

上野からバスに揺られることしばらく。なにせ古いことですので場所を正確に思い出せないのですが、地理的にいって浅草か湯島、日暮里あたりのお祭りでしょうか。会場にいくと、父がダボシャツにねじり鉢巻き姿でお面を売っていました。

どんな表情をしていたのかも覚えていません。

ただ、子どもを相手に忙しそうに「これか？」、「毎度！」といった感じで商売をしていたことは記憶の片隅にあります。私も何かのキャラクターのお面を買わされました。商売ですから当然ですが、たとえ身内でも決して無料でくれたり、料金をまけてくれたりはしませんでした。売上を親方に納めなければならないので、それは仕方がないところでしょう。

また、このとき、父の新しい親方に初めて会いました。親方はわたあめ屋の屋台をしている、ガッチリした体格の角刈りで威勢の良いオジさんでした。普段はいかつい印象ですが、若い衆の家族には優しく接してくれる方で、このときも「おう、高里のところのお嬢ちゃんか！　ひとつ持ってけ！」と、わたあめをくれました。

このときはまだ、父の仕事を理解できてはいなかったと思います。テキ屋という言葉も知らなかったので、〝お父さんはお祭りでお面を売る人〟といったくらいの認識でしょうか。ただ、父がお面を売っていることが、少し照れくさいというか、なにか特別なことをしているような気持ちになった記憶があります。きっと子どもながらに、「友だちのお父さんとは違うお仕事をしている」と感じたのだと思います。だから、幼稚園で先生や友だちに「お父さんのお仕事は？」などと聞かれると「分からない」と答えるのが常でした。

父に連れられ訪れたのは…

父の職場を初めて見た直後くらいでしょうか。

私は〝事務所〟を初めて訪れることになります。

それは私が5歳になった7月のこと。

弟が生まれる直前で、母が入院していたので日時はハッキリ覚えています。

当時、私の父は親方の組に所属する若い衆でした。

その親方の組の上には、さらにもうひとつ大きな組織がありました。簡単に説明すると、もうひとつの大きな組織が本部で、親方の組は支部という関係でしょうか。

今は存在するかは分かりませんが、当時、親方の組の若い衆には、上部組織の事務所の〝留守番〟をする当番制度がありました。毎日、組の誰かがひとり選ばれて、事務所につめて上の人の世話をしたり、諸々の雑用・雑務をこなすのです。

その日の当番は、私の父。しかし、普段は母方の祖母がきてくれていたのですが、その日は都合が悪く、私の面倒を見る者がいません。すると父は特別な許可を得て、私を事務所に連れていったのです。

差しさわりがあるため、詳しい地名は書けませんが、事務所は都内の繁華街にありました。

初めて訪れる都会、その人の多さに戸惑ったのを覚えています。

事務所は決して豪華ではなかったですが、どこか普通ではない雰囲気がありました。私が通されたのは、任侠映画で見るような応接間でした。

しばらくすると、背広を着てズングリしたおじさんが事務所に入ってきました。私を見るなり、「高里の娘さん？」と笑顔を見せてくれました。親方といい、この方といい、テキ屋関係者は子どもには優しかったというのが私の印象です。

「お腹は空いてないかい？　おじさんとお昼ごはんを食べに行こうか？」

父は恐縮するばかりでしたが、その方は「娘さんを預かるよ」と私を連れ出し、繁華街の一角の雑居ビルにある……思い返せば、飲み屋さんのようなお店につれていってくれました。

まだ開店前だったのでしょう。店内は暗かったのですが、その方が奥に声をかけると、きらびやかなドレスを着た化粧の濃いお姉さんが出てきました。

「あら、アニさん、いらっしゃい」

「ママ、この〝姫様〟に何か作ってやってよ」

私はこのやり取りを聞いて、「え、お姉さんがこのおっちゃんのお母さんなの？」と驚いてしまいました。我が家では両親を「父ちゃん、母ちゃん」と呼ぶ方針でしたが、「ママ＝お母さん」ということは理解できます。飲食店の女性店主を〝ママ〟と呼ぶことを当時は知らなかったので、「おっちゃんの方が年上なはずなのに、なんでママ？」と動揺してしまったんですね。

「ピラフでいい？」

お姉さんはすぐに調理をして料理を出してくれました。当時の私はピラフなどというハイカラなものを食べたことがなかったので、出てきた料理がチャーハンにしか見えません。「都会ではチャーハンをピラフって呼ぶのか……」と変にショックを受けたのを覚えています。

その後、成長した私は盆暮れの付け届けなどで、何度となくこの事務所を訪れるようになります。私を食事につれていってくれた方は組織の幹部でしたが、その後も「おっちゃん」と呼ぶのは変わりませんでした。おっちゃんも私を「きょうちゃん」と呼び、とてもかわいがっていただきました。

親方から独立して〝一本〟に

この留守番の一件から数日後、弟が生まれて我が家は4人家族になります。しばらくの間、母は弟の育児に専念するために仕事を休みました。私にとっては弟が生まれたことよりも、母がいつも家にいることの方が嬉しかったです。

しかし、半年もすると母は職場に復帰。母方の祖母が同居をして、弟の面倒をみてくれることになりました。ここから我が家は実質5人で生活していきます。

5歳下の弟も、私と同じく勉強よりもスポーツが得意なタイプ。生き物が好きで、近所の田んぼでザリガニやカエルを捕まえてはよく持って帰ってきました。私はそういうものが苦手だったので、「やめて！」と怒ったものです。

弟は中学まで水泳の選手として活躍した後、一時期はテキ屋を本業にしていました。それからさまざまな事情が重なり、後年は建築業を営みながら、兼業的にテキ屋をやっていました。今でも仲が良く、お互いの家を行き来して家族ぐるみの付き合いをしています。

さて、弟が生まれた翌年、私の生活が大きく変わる出来事がありました。

父が親方から独立をしたのです。

小学1年生の夏休み、父が親方から独立を許されました。これをテキ屋業界では〝一本になる〟と言います（地域や組織によっては呼び方が異なるかもしれません。どうかご了承を）。

それまでは3LDKの団地暮らしでしたが、移動に使う自動車を自前で持たなければならなくなったため、庭付の借家に引っ越しました。引っ越したといっても、転居先はもとの団地から200メートルと離れておらず転校はしていません。間取りは4LDKでしたが、一部屋を父の仕事道具置き場にしたので、生活スペースにも変化はありませんでした。

父が一本になるにあたって選んだ業種は、〝あんず飴〟と〝わたあめ〟でした。

後年、父に聞いた話では、決め手は「原材料が安いこと」と「保存がきくこと」だったそうです。あんず飴とわたあめの原料は、みずあめとザラメ、シロップ漬けの果物ぐらい。材料費は安いですし、いずれも長期保存が可能です。材料のロスが少なくて済むので、商売として効率がよいというわけですね。ただ、このふたつを選んだことで、我が家はそれからずっと甘酸っぱい香りに包まれることになります。

父が一本になったことで、母の生活も変わります。

それまでパートに出ていましたが、父の屋台を手伝うようになったのです。ときには2歳になったばかりの弟を背負って商売をすることもありましたが、基本的には私たちは家にいて、祖母に面倒を見てもらっていました。

この頃になると、商売道具が身近にあったこともあり、徐々に親の仕事を理解するようになっていました。ただ、テキ屋という言葉はまだ知らなかったので、周囲には〝あんず飴屋さん〟だとか、〝わたあめ屋さん〟だと言っていました。父の口から直接「俺はテキ屋だ！」と聞かされるのは、小学校3、4年になってのことです。

テキ屋の娘はイジメられる？

さて、父だけでなく、母もテキ屋の仕事をするようになった高里家。

私だけでなく、小学校のクラスメイトもなんとなく私の両親がテキ屋であるということを理解するようになっていきます。

そうなると気になるのが、学校での私の立場です。

テキ屋の娘だから、さぞかしイジメられたのではないか、と思う方もいるようです。子どもは素直な分、残酷な面もありますからね。イメージが良くないテキ屋の娘ということでとてもイジメられた……ということは、まったくありませんでした。

イジメから這い上がって一人前のテキ屋になったというと美談になるのでしょうが、イジメは本当になかったのです。

まず、私がお調子者というか、目立ちたがり屋だったし、明るい性格だったのも良かったのでしょう。クラスメイトとは男女問わず仲良くやっていたし、いまのような陰湿なイジメもなかったことも大きいと思います。

あとは、これはテキ屋業界ではよくあることなのですが、同じ学区内にテキ屋の子どもがたくさんいたんですね。テキ屋の若い衆は、親方の事務所の近所に住むことが多いので、自然とその子どもたちも同じ学校に通うことになるわけです。

テキ屋業界は根底に義理人情の精神があります。父のように一本になっても在籍していた組織との縁は大切にします。独立しても親方の近所に住む者も多かったのです。その結果、私の学校では同じ学年に7、8人、クラスにも1人か2人はテキ屋の子どもがいました。学校全体に広げると、40~50人もいることになります。ここまでくると少数派とはいえないので、イジメの対象にはならなかったし、他の子どもたちも気にしなかったのです。

ただ、振り返ってみると、大人は違ったのかなという気もします。クラスメイトの保護者の中には、「高里さんとは遊んじゃダメ！」などという人もいたそうですし……、やはり親世代になるとテキ屋のイメージは良くなかったのでしょう。

お前はヤクザの子どもなんだろ？

そんな感じで差別もイジメもない、明るい小学生時代でしたが、ひとつだけドキッとした出来事がありました。

あれは私が小学3、4年生の頃だったと思います（3、4年などと曖昧な表現ですみません。通っていた小学校では2年ごとにクラス替えがあったのですが、担任が同じというケースもあったので記憶が曖昧なのです）。

ある日、休み時間に同級生の男の子に呼び出されました。

このとき、一緒に池内君という男子も呼び出されたのですが、彼もまたテキ屋の息子でした。

呼び出された場所にいくと、その男の子からいきなりこんなことを聞かれました。

「なあ、高里と池内のお父さんって、ヤクザなんだろ？」

いま思えば、子どもながらの純粋な疑問だったのだろうと思います。

しかし、当時の私にとってはこれは非常にショッキングな質問でした。ヤクザが何たるかというのは、子どもながらに分かっていました。その存在が反社会的であることも理解していました。そして……心のどこかで「自分の父親はもしかして……」という気持ちがあったのです。

父が龍の彫り物を入れているのは知っていましたが、彫り物といえば行き着くところはそこですからね。当時はまだファッションとして刺青を入れるケースはマレでしたから、なおさらです。ただ、映画やドラマなどに出てくるヤクザは恐ろしい存在でしたが、父は私にはとても優しかったんですね。だから、私の中で父とヤクザが結びつかなかったのです。

同級生にとっては単なる疑問であって、悪気はなかったと思います。

でも、私は質問で受けた衝撃で身体が動かなくなってしまいました。

しかし、池内君は彼なりに思うところがあったのでしょう。

「もう一回言ってみろよ！」

そう言うやいなや、その男の子を殴ってしまったのです。

当然、それから大騒ぎに……。大きなケガにならなかったのは幸いでしたが、大問題になりました。

その日、家に帰ると父が私を待っていました。学校から連絡があったのでしょう。

父はややかしこまって「学校で大変だったな」と声をかけてきました。

私は良い機会だと思って、父に聞きました。

「父ちゃんはヤクザなの？」

父は怒りもせず、かといって笑みも見せず、淡々と答えました。

「俺はヤクザじゃない。テキ屋だ」

思えば、これが初めて父の口から〝テキ屋〟という言葉を聞いた瞬間でした。いまなら父の言葉の意味がよく分かります。しかし、どこか納得いかないような表情をしていたのでしょう。父は「杏子はどうしてそう思ったんだい？」と優しく問いかけてきました。

答えたいけれど答えが出てこなくて、それでも振り絞って「友だちが……刺青があるからって……」と声にしました。たぶん、私は泣いていたと思います。

すると、父はキッパリと言いました。

「入れ墨ってぇのは昔、島流しにされた罪人に入れたものだ。俺のは〝彫り物〟だ。そこには誇りがあるぞ」

なぜ、父は彫り物を入れたのか？　周囲のテキ屋の人々もそうなのか？

私はそれ以上、聞くことができませんでしたが、父が堂々と答えてくれたこともあって、それ以来、ヤクザかどうかは気にすることはなくなりました。

ちなみに彫り物ですが、私自身は一切入れていません。最近は若い世代のテキ屋でも、彫り物を入れている人は少ないのではないでしょうか。もちろん、中には入れている人も見受けますが、洋風のいわゆるタトゥーであり、父の世代とは意味合いも違ったものなのだと私は思います。

初めての職場見学

この一件がきっかけになったのかは分かりませんが、それからそう間を置かないある週末のこと。

突然、「杏子もくるか？」と、父が商売についてこないかと誘ってきました。

そんなことは初めてだったので、驚いたことを今でも覚えています。

私は困惑しつつも、誘ってもらったのが嬉しくて二つ返事でついていくことにしました。

まだ夜も明けきらないような朝の5時、眠い目をこすりながら家を出発し、6時頃に現場に到着しました。そこは大きなお寺さんで、すでに何人かのテキ屋衆が屋台の準備を始めていました。

その中には親方の若い衆もいて、父のところに挨拶にきてくれます。

「あれ、杏子ちゃんじゃないか、大きくなったね」

そんなことを言って私にも声をかけてくれましたが、ほとんどが知らない顔です。

年頃ということもあって、とても照れ臭かったです。

ちなみに、テキ屋同士の関係ですが、私が見てきた限りだと、つながりを持つのは仕事場だけで、プライベートは各々で、というケースが多いように思います。父でいえば、自分の家にテキ屋仲間を招く、といったことは見たことがありません。もちろん、同じ組織の者同士で「軽く一杯」といった感じで飲みにいくくらいはあったでしょう。それでも父はとくに家庭に仕事を持ちこまないタイプだったのか、私が幼い頃は親方を始め、テキ屋の人と接する機会は極端に少なかったように思います。

それでも母や祖母に連れられて父が商売をしているところに行けば、いろいろな方が声をかけてくださったものです。

いまから約40年前のこと。当時は父のように中学を卒業してすぐ、この道に入ってくる人も少なくありませんでした。そういう人にとってみれば、小学生の私は妹のように思えて親近感を抱いたのかもしれません。みな優しくしてくれたのですが、父という目上の存在の子どもということもあって、敬語で接してきたのが不思議な気がしました。

そんな若い衆のなかで印象に残っているのが、当時16歳だった〝サワ〟こと、沢村君です。

彼はまだ見習いで、たこ焼きの屋台をする先輩のサポートをしていました。先輩は面倒見のいい人で、お客さんの少ない時間を見計らって、「おい、試しに焼いてみろ！」とサワ君に練習させていました。

今でこそ、たこ焼きもオートメーション化されていて、鉄板が振動して均一の大きさ、焼き加減でたこ焼きを作る屋台もありますが、当時は当然、自分でたこ焼きを回して焼き上げていくスタイルです。最初から上手く焼けるわけがないので、かなりいびつなたこ焼きができ上がります。当然、それらは売り物にはなりません。

そんな〝試作品〟は私や知り合いのもとへ届けられます。父も心得たもので、「サワの年齢のとき、俺の方が上手かったぞ！」、「試食してくださいだ？　毒味って言え！」なんて言いながらありがたく頂戴したのですが……。食べて驚きました。たこが入っていないのです。その代わり、サクサクとした歯応えがしました。

なんでも練習用ということで、たこの代わりに天かす（揚げ玉）を入れて作らせたのだそうです。これは父がいた組独特のことかもしれませんが、たこが入っていると思っていた私には衝撃的でした。このサワ君の〝天かす焼き〟、それから2年も食べさせられることになります。

サワ君は要領が悪かったのでしょうか。たこ焼きを焼く技術が上達せず、2年間も見習いとして練習を強いられたからです。まあ、料理はセンスがものを言いますからね。結局、サワ君はたこ焼きの屋台は任されることなく、結局〝水チカ〟の屋台をやることになりました。

この〝水チカ〟というのは、水ヨーヨー（水風船）のテキ屋用語です。チカが風船という意味で、ガスで空中に浮いている風船は〝上げチカ〟と呼ばれています。

ロクさんのあだ名の由来

テキ屋用語で思い出しましたが、父の知り合いの中には、テキ屋用語がニックネームになっている方もいました。

たとえば、親方や父に〝ヤリロー〟と呼ばれていたお好み焼き売りのオジさんがいました。

〝ヤリ〟だなんて、つい卑猥なことを連想してしまいそうになりますが、決してそうではありません。〝ヤリ〟はテキ屋用語で数字の〝1〟という意味なのです。ヤリローさんは本名が一郎だったので、周囲からそう呼ばれていたんですね。

他には、〝バナチョコ（チョコバナナ）〟を売っていたロクさんという人がいました。あだ名からして年寄りのような印象がありますが、彼は当時、23、24歳だったと思います。テキ屋にしては珍しくヒョロっとしていて、顔も青白いため、親方からは「オメェ、変な薬やってねえだろうな？」と心配されるほど痩せ細っていました。でも本人はいたって真面目な好青年。決して変な薬に手を出すような人ではありません（そもそも、そのような薬物に手を出した時点で親方は〝絶縁［追放処分である〝破門〟よりも重い処分。破門は復帰の可能性があるが、絶縁にはない］〟にするでしょう）。

それではなぜ、ロクさんと呼ばれていたかといえば、その青白いルックスのため、親方からしょっちょう「ロクるんじゃねえか？」と言われていたから。

〝ロク〟とは「死ぬ」という意味です。

由来については諸説あるようですが、なんでも南無阿弥陀仏が六文字なので、そこからテキ屋業界では亡くなることを〝ロクる〟と言うようになったとか。

今にも死にそうな感じだから〝ロク〟と呼ぶというのは、かなりブラックなような……。まあ、本人が受け入れていたので良しとしましょう。

ちなみに、テキ屋が扱う商品には、〝ハヤロク〟というものがあります。

なんだかお分かりでしょうか。

答えは〝ひよこ売り〟です。

昭和の時代、縁日の定番だったカラーひよこを覚えていますか。アレのことです。

カラーひよこは買ったがいいものの、長生きせず、すぐに死んでしまうケースが多かったですよね。それで〝早く死ぬ〟から〝ハヤロク〟と呼ばれていたわけです。なんとも哀しいテキ屋用語です。

動物愛護の観点からなのでしょうか。縁日で〝ハヤロク〟を見かけることはなくなりました。ただ、聞くところによると、ハヤロクは中南米で人気なのだとか。いまどき需要があるのでしょうか。

個性的なテキ屋衆

あだ名といえば、〝ちゃんこ〟さんも思い出深い父のテキ屋仲間です。そうしたあだ名がつけられたのは、〝ちゃんこ〟はとくにテキ屋用語ではありません。そうしたあだ名がつけられたのは、ちゃんこさんが2メートル近い身長で、体重100キロ超という巨体だったから。どうやら、そのまんま、相撲のちゃんこからとったようです。若い衆の呼び名は親方が独断で決めていたのですが、父やテキ屋仲間は冗談交じりで「親方のセンスは小学生並みなんだよな～」と笑っていました。見たまんまのあだ名を付けられる人もいたんですね。

その親方のセンスで個人的に好きだったのは、〝永井〟さんです。

一見すると普通の名字ですが、彼の本名は永井ではありません。由来は彼の売り物です。彼はフランクフルトを売っていたのですが、フランクフルトはテキ屋用語で〝フランク〟、「フランクといえば、永井だろ?」と親方が連想したために、いつの間にか、永井呼ばわりされるようになったのだとか。たしかに小学生のようですが、私は親方のネーミングセンス、嫌いではありませんよ（ちなみに、個性的なニックネームが思い浮かばない場合は、私の父のように「高里！」といった感じで苗字で呼ばれていました）。

さて、ちゃんこさんの話に戻ります。

これはあくまで私個人の意見なのですが、テキ屋をするうえで身体が大きすぎるのは不利だと思うのです。

屋台のスペースを考えてみてください。あそこに巨体を押し込むようにして仕事をするのはやりにくいと思いませんか？　私の父のように小柄な方が小回りがきいて屋台で仕事をするには有利だと思うのです。ちゃんこさんはじゃがバターを売っていましたが、ジャガイモを蒸す機材は周囲がものすごく暑くなります。そのため屋根の部分にあたる天幕という箇所を開けて蒸気が逃げるようにしている屋台もあるほどです。巨体のちゃんこさんは冬でも大汗をかいていたのに、真夏になると……。本人いわく「夏は商売すると、一日で5キロくらい体重が減る」のだそうです。

そんなちゃんこさんは、とんでもない力持ちでした。

火を使う屋台では、プロパンガスのボンベを使用しますが、それが鉄製で重いんです。家庭で使うボンベ（20キロくらいある）に比べるといくらか軽いですが、それでもひとつ8キロくらいあるため、駐車場から屋台が離れていると運ぶだけで大仕事になります。

しかし、ちゃんこさんは自分の屋台のものだけでなく、仲間のものまでボンベを一気に6個運んでしまうのです。それもニコニコしながら……。気は優しくて力持ちを体現しているような人でした。

親方の存在は絶対的

このような個性的なテキ屋衆をまとめるのが、親方の仕事でした。

私にとっての親方は、とにかく優しい〝おじいちゃん〟のような存在。私だけでなく、他の若い衆の家族には常に穏やかに接していた印象があります。

しかし、父やテキ屋仲間に聞くと、いざ仕事となると鬼よりも恐ろしい存在だったとか。

比較的規模の大きな祭りになると、親方の組織以外にも、複数の組織が商売をすることが珍しくありません。基本的には持ちつ持たれつの関係ですので、お互いに取り決めを守って商売をするのですが、時には不義理を働かれる場合も出てきます。そんな時は責任者である親方が一喝するわけですが、それでも収まらないと……。まあ、コンプライアンス重視の風潮もありますので詳細は省きますが、それなりにお灸を据えて〝義理を通させる〟わけです。

父によると、親方は「とにかく義理を重んじる人だった」とのこと。そして、「カリスマ性の塊だった」そうです。たしかに、親方がいるだけで現場にピリッとした心地良い緊張感があったような気がします。

私が本格的にこの世界に足を踏み入れた時は、我が家は親方から独立しており、正式には親方の組の者ではありませんでした。極端なことをいえば、親方の一派とは別の場所で商売をしてもいいわけです。しかし、父はなるべく親方と一緒のシマを選んでいました。

親方はそんな父を見て、いつもこう言っていたそうです。

「高里、オマエは一本なんだから、別んとこでやってもいいんだぞ。金魚のフンみたいについてくるんじゃねえよ」

「だけどそう言いながらも嬉しそうな顔をしてんだよな～、親方は……」

その親方の話をするときの、父の照れたような表情を忘れることができません。2人の間には実の親子を超えた絆があったのではないか。人の親になった今、私はそう思うのです。

小学4年生でテキ屋デビュー！

初めて仕事場に連れて行ってもらってからというもの、私はタイミングが合えば父と母について現場にいくようになりました。

ついていくといっても、別に仕事をするわけではありません。たいていは屋台の裏などで、マンガなどを読んで過ごしていました。父が私を後継者として考えていて、仕事に慣れさせようとしていた、というわけでもないと思います。それよりも、たぶん父は自分が働いている姿を見せることで、テキ屋はヤクザとは違うということを伝えようとする気持ちがあったのかもしれません。

私としてもテキ屋になるつもりはなく、父と母と一緒にいたいという気持ちでついてきているだけ。しかし、ちょっとしたアクシデントによって、私は小学4年生にしてテキ屋デビューを飾ってしまうことになります。

ある祭りでのこと。

その日も私は両親と一緒に現場にきていましたが、とくにやることもないので、色々な屋台を眺めて時間を潰していました。チョコバナナの屋台の前を通りかかったとき、弱弱しく私を呼ぶ声が聞こえてきました。

「き、杏子ちゃん、ちょっと……」

声がした方向を見ると、屋台の中でロクさんが手招きをしています。

ロクさんはただでさえ青い顔をさらに青白くして、脂汗を浮かべていました。これはただならぬ雰囲気です。

「どうしたの」

屋台の裏手に回って尋ねると、ロクさんは苦悶の表情でこう言いました。

「腹を壊したみたいで……すまない！　トイレにいってくるから、留守番をしてくれないか？　バナチョコはたくさん作ってあるから、しばらくは……大丈夫……!?」

そう言うや否や、ロクさんは返事も聞かずに駆け出していきました。私は慌てましたが、ロクさんは遥か彼方、その姿はどんどん小さくなっていきます。

あまりのことに固まっていると、まずいことにお客さんがやってきました。

でも、どうしたらいいのか分かりません。当時は携帯電話などもありませんから、誰かに聞くこともできないわけです。

「杏子ちゃん！　バナチョコは〝ヤリッコ〟だから、とりあえず1本を100円と交換して！」

私がまごまごしていると、異変に気付いた隣の屋台の方（同じ組織の方でした）が助け舟を出してくれました。ちなみにヤリッコとは100円で売っている物のテキ屋用語で、あんず飴も当時はそう呼ばれていました。

不思議なもので、このような時に限ってお客さんが押し寄せるようにきてくださいます。私は金額を間違えないように注意しながら、必死にチョコバナナをさばきました。ロクさんは大きな氷の塊に穴を開け、50本近くのチョコバナナを挿して準備していましたが、それがものの数分で、見事に完売してしまったのです。

しかし、ロクさんはまったく戻ってきません。

その間もお客さんはひっきりなしにやってきましたが、売るものがないので「すみません、いま売り切れ中です」と謝ることしかできませんでした。

テキ屋の娘として過ごすうちに、商売のイロハを知らずに身に着けていたのでしょうか。ここで悟ったのが、こういう時は困った顔で謝るより、笑顔で対応した方が納得してくれる、ということです。

お客さんの中には、不満そうな顔を浮かべる方もいらっしゃいましたが、心を込めて笑顔で謝ると「しょうがないか」という感じで納得して帰って行かれました。

それはさておき。それから10分ほど経って、ようやくロクさんが戻ってきました。思いがけないタイミングでやってきたテキ屋デビュー。私にとっては1時間、いや、もっと長く感じる時間でした。

「杏子ちゃん、本当に助かったよ〜」

ロクさんは手早くチョコバナナをこさえて、私に渡してくれました。これが初めてのテキ屋としての報酬……しかし、それだけでは終わりませんでした。

それから10分後、ロクさんが体調を崩し、私に店番を頼んだことが親方の耳に入りました。

向こう3軒両隣が同じ組織の屋台でしたので、すぐに伝わろうというものです。

ロクさんは親方の呼び出しを受け、こっぴどく叱られました。

「体調を崩すのは仕方がねえ。だからって杏子ちゃんに頼むか？　隣に〝ちょっとお願いします〟ってやりゃあいいじゃねえか！」

一人で一つの屋台を任されることが多いこの稼業、商売中に便意を催した際は、近くにいる知り合いのテキ屋に「少しの間、うちのも見ていてくれる？」といった感じで頼むのがふつうです。ロクさんもそのことは充分承知だったはずですが、それを忘れるほど追い詰められていたのでしょう。

「ロクの野郎、ロクなもんじゃねえな！」

親方はそう言いながら、ある提案をしました。

「おい、ロク！　オマエがいなかった間、杏子ちゃんが売ったのだから、その間の売上は杏子ちゃんに渡すんだ。もちろん、お前のポケットマネーからな！」

親方は私の顔を見てニヤリと笑いました。そう言われたらロクさんも逆らえません。

「え～と……50本くらいあったから……」と計算して、５０００円をくれました。

ちなみにお札の聖徳太子が見えた時、私は卑しくも「１万円？」と心の中で小躍りしてしまいました。当時は1万円札も5千円札も同じ聖徳太子が描かれていたので期待してしまったんですね。父に事の顛末を話すと「親方がそう言ったんだからありがたくいただいておけ」ということになり、小学4年生としては大きな臨時収入を得ることができたのです。

これが私の初めてのテキ屋体験です。

それでもテキ屋はやりたくない

わずか20分程度で、5000円の稼ぎ。

子どもでなくても、これはなかなか割りのいい商売です。

でも、私はこのときの臨時収入に味を占めて、後にこの世界に入ったというわけではありませんでした。

むしろ、子ども心に冷静になって、「私はテキ屋には向いていない」と思っていました。お客さんとのやり取りが照れくさくて仕方がなかったのです。

それは大人の世界に入ってしまったことへの〝くすぐったさ〟と言い換えることができるかもしれません。屋台に立っていると〝ここは私のいる場所じゃない〟という場違いな感覚を抱いたんです。

ただ、それ以上に、当時は就きたい仕事があったことが大きいと思います。

実は私は、アイドルになりたかったんです。

当時は、テレビの歌番組が最盛期。ブラウン管の向こういるキラキラとしたアイドル歌手に憧れていました。今でこそ中学生のアイドルは珍しくありませんが、私が子どもの頃は〝アイドルは16歳デビュー〟というのがイメージ。ですから、中学生の間にレッスンやオーディションを受けて、高校は芸能コースがある東京の堀越学園に……というのが小学4年生の私の未来地図でした。

今となっては〝子どもの夢〟ですが、当時はそれなりに真剣。両親も本気にしてはいなかったでしょうが、「杏子の好きにすればいい」と応援してくれていました。それで毎月、『明星』や『平凡』といった雑誌を買い漁っては熟読し、付録の〝歌本〟に載っていた女性アイドルの楽曲を歌って、ほとんどマスターしていました。

しかし、アイドルを夢見た少女は、初めてのテキ屋体験から1年も経たないうちに本格的にテキ屋の世界に足を踏み入れることになります。

小学5年生になったとき、我が家に大事件が起きるからです。

【第二章】あんず飴売りの少女

すべてを変えた父の逮捕

小学4年生になると、両親の仕事場に付いていくようになりました。しかし、親の商売には興味はなかったですし、テキ屋を継ごうとも一切考えていませんでした。アクシデントでロクさんの屋台の留守番をすることはありましたが、私にとっては祭りや縁日はあくまで楽しむ場所だったのです。

しかし、1年も経たないうちに、そうした状況が一変する出来事が起きます。父が事件を起こし、逮捕されてしまったのです。

あれは小学5年の春、まだ桜が咲いていた4月上旬のことでした。

その日、父は親方の組の若い衆と飲食店でお酒を飲んでいました。すると、仲間のひとりが見知らぬ男性に絡まれたのだそうです。

テキ屋はただでさえ、世間から悪いイメージを持たれています。父たちはそれが分かっていたので、最初は無視をしていました。しかし、その男性は収まりません。父たちが反応しないことに腹を立てたのか、さらにしつこく絡んできました。

そのままでは埒が明かないので、父は「まあまあ……」とその男性をなだめて、仲間から引き剥がそうとしました。そのときです。男性は酔っていたのでしょう、父が軽く体を押すと、足元をふらつかせて倒れてしまったのです。そして、地面に頭を打ち付けてしまい、救急搬送され、数日後に息をひきとってしまったのです。

父は逮捕され、裁判の結果、刑務所に入ることになりました。

警察での取調べや裁判では、父は事の経緯を詳細に説明しましたが、テキ屋という仕事が不利に働いたのか、罪はあまり軽くならなかったようです。

父がどこの刑務所に入ったのかは知らされていません。周りの大人の話から推測すると、東北の方だったようです。

私が父の事件のことを知ったのは、しばらくしてからのことでした。

母と祖母が心配させまいとして、私と弟に事件のことを隠していたからです。

父の事件は新聞でも報道（といっても、地方版の小さな記事に載るくらいでしたが……）されていましたが、当時はまだ幼くて新聞を読む習慣がなかったので、本当に父が逮捕されたことを知らなかったのです。

母や祖母は、父の不在を「遠くの町の商売を手伝うようになったから、しばらく帰ってこない」と説明していました。でも、子どもながらに、父が何か良くないことに巻き込まれたのだということは、雰囲気で分かりました。

たとえば、父がいなくなってから、弁護士を名乗る人から頻繁に電話がかかってくるようになりました。さらに警察官も訪れるようになりました。おそらく、母や祖母の事情聴取のためにきていたのでしょう。警察関係者は帰り際、私を見つけると「大丈夫だからね」などといって頭をなでてきました。その顔は笑顔でしたが、私は逆にそれが冷たく感じられました。

杏子にも商売を手伝ってもらうから

父の逮捕から1週間くらい経った、ゴールデンウィーク直前の4月半ばのことだったと記憶しています。

子ども部屋で遊んでいたら母に呼ばれました。居間にいくと、テーブルの上に水あめ、あんず、すもも、みかん、割り箸が置かれています。見慣れた父の商売道具です。母は私に座るように促すと、真剣な顔で言いました。

「お父さんがいない間、杏子にも商売を手伝ってもらうから。お母さんはデンキ（わたあめ）をやるから、杏子はスイネキ（水あめ＝あんず飴）を覚えてちょうだい」

母はそう言うと、すももを手に取り、割り箸に刺すと、それを水あめで包むようにコーティングしていきました。続いて割り箸に水あめを絡め、ほどよきところであんずやみかんを乗せて包んでみせました。

流れるような手付きに思わず感嘆の声が漏れました。

「父ちゃんの手伝いを始めたときは、全然うまくいかなかった。でも、すぐにできるようになったから、杏子も大丈夫よ」

母はそう言ってにっこり笑いましたが、その笑顔には、申し訳なさがにじんでいました。父という働き手を失ったため、誰かがその代わりを務めなければならない。母には頼れる者がいなかったので、白羽の矢が私に立ったのです。小学生の娘を商売に立たせなければならない、そのことを母が心苦しく思っていることがその笑顔から感じることができました。

それから、私は母からスイネキ作りの手ほどきを受けました。

小さな私には難しかったですが、「母ちゃんのためになんとかしなければ！」という思いがあったので、なんとか売り物として人様に出せるくらいの技術を身につけることができました。

そして、その週末、私は〝デビュー戦〟を迎えることになったのです。

テキ屋少女のデビュー戦

厳しい特訓のかいもあり、ようやく母から「合格」がもらえて、私はテキ屋としてデビューすることになりました。

場所は忘れてしまいましたが、記憶に残っている雰囲気から推測するに、比較的規模の小さな、どこかの不動尊のお祭りだったと思います。大規模なお祭りだったらきっとパニックになっていたでしょうから、そこをデビューの場所に選んでくれたのは、母なりの気遣いだったのかもしれません。

朝、早起きをして機材を搬入します。屋台は母が組み立ててくれました。屋台の設営は慣れてしまえば楽ですが、子どもには難しいですからね。小学生の間は母がやってくれました。

屋台が組み立てられ、目の前にある水あめの塊を見た瞬間、とてつもない不安に襲われました。母から手ほどきをうけたとはいえ、そこは小学5年生の女の子。緊張で全身が震えました。境内が未知の世界に思えました。ただただ「お客さん、こないで！」と願うばかりでした。

「おう！　杏子ちゃん！　今日が初陣だな！」

私が震えていると、背後から声をかけられました。親方さんです。事態を聞きつけて、助っ人にきてくださったのです。「杏子ちゃんの父ちゃんには苦労かけさせちまったからよう」と言いながら、開店準備を手伝ってくれました。

親方が援軍にきてくれたのは、単純に不安だったから、というのもあったと思います。

私が屋台を出している〝庭〟は、親方が懇意にしている庭主が仕切っている場所です。そこで下手なことはさせられません。ただ、援軍にきてくれた理由は、どうもそれだけではなかったようです。

あとから知った話ですが、父は一本立ちをした後も、売上の一部を親方に納めていたのだそうです。親方の元を離れているのですから、本来はそうした義理はありません。親方もそのたびに「そんなものはいらねえよ」と断っていたそうですが、父は世話になったから受け取ってくださいと置いていったのだとか。親方はそんな父の気持ちに応えて、私たちの面倒を見てくれたんですね。

ちなみにそのお金ですが、親方は父に何かあったときのためにと、使わずに貯金してくださっていました。そうして父が服役すると、「高里が勝手にやっていた積立金みてえなもんだから」と戻してくださったのです。やはりテキ屋の世界は義理人情の世界なのだなと今さらながら思うところです。

そんな親方さんですが、助っ人といっても全面的に手伝ってくれるわけではありません。

「まずは氷の上に常に10種類くらい、スイネキを置いてみな」とか「どれも均等になるようにスイネキを取るんだよ」とアドバイスをしてくれました。

しかし、アドバイスはくれるものの、ほとんど手伝ってくれません。ここですべて手伝ってしまうと後々、私のためにならないと考えてくれていたのでしょう。

そうこうしているうちに、縁日が始まりました。お客さんが次々と境内にやってきます。

親方は大きな声を出して、お客さんを呼び込んでくれます。

いかにも小学生といった感じの女の子が一生懸命に売っていたからでしょうか。年配のお客さんが「お家のお手伝い？　偉いね～」と言いながら、たくさん買ってくれました。父の知り合いのテキ屋さんも、様子を見がてら買いにきてくれます。その後もお客さんは途切れることなく、周りのサポートのおかげで、なんとか初陣を乗り切ることができました。

帰りの車の中で、私は疲れから熟睡してしまいました。

立ちっぱなしでクタクタでしたが、体の奥底には不思議な充実感がありました。

やはり、自分が作ったものがたくさん売れるというのは嬉しいものです。

半人前にもならないほど未熟な私でしたが、それでも商売というものの本質に触れることができて楽しかったのでしょう。


テキ屋なんか、もう辞める！

自分が作ったものでお客さんに喜んでもらう。

商売の楽しさを知った私でしたが、一転、地獄に突き落とされるような出来事がありました。

商売を始めてすぐにゴールデンウイークがやってきました。

自宅から近くのエリアの催し物で商売をしたときのことです。

近所ということもあって、クラスメイトの女の子に見つかってしまいました。

「なんで杏子が売っているの？」

そう囃し立てられて、私は急に恥ずかしくなってしまいました。

その場はそれくらいで収まったのですが、連休明けに登校すると、一部のクラスメイトの様子がおかしいのです。話しかけると無視はしないまでも、どこかよそよそしいというか……。

すると、ヤスコという仲の良い子に教室の片隅に連れていかれました。彼女は今でも親友で、彼女もテキ屋の娘で、親は金魚すくいを生業にしていました。

「ねえ、アイツが言ってたんだけど杏子のお父さんって刑務所にいるの？　新聞に載ってたって言ってるよ。それで杏子のこと、〝アバシリ〟って呼んでるんだけど……」

後に聞いた話をまとめると、まずその女の子が親に「杏子ちゃんがあんず飴を売っていた」と伝えたそうです。すると、その親は「杏子ちゃんのお父さんは逮捕されたから、手伝ってるの」といった感じで言ったとか。自分が親になった今となっては「もう少し言い方があるでしょうが！」と思いますが……。結果として、その女の子がそれを仲の良かった女子たちに吹聴して父のことが知れ渡りました。

それにしても……〝アバシリ〟なんて呼ばれていたとは！

刑務所イコール網走なんでしょうね。なんとも子どもらしい発想ですが、直接的な分、ダメージは大きかったです。

当時はまだ、私は父の状況をまったく知らされていませんでした。心のどこかでは「父が良くないことに巻き込まれたらしい」ということを悟っていましたが、母には気づかれないように隠していた時期です。

そんな時の〝アバシリ〟ですから、父が刑務所に入っていることが確定したようなものです。そして、私の中で急に恥ずかしさや怒りがこみ上げてきました。怒りの矛先は母に対してです。事実を黙っていたことが許せなくなったのです。

私は家に帰るなり、母を問い詰めました。

興奮していたのですべてを覚えていませんが、かなりキツイ言葉を使ったでしょう。母は最初ははぐらかしていましたが、最後は観念して「実は……」とすべてを打ち明けてくれました。分かっていたことですが、何と言っていいのか分からず、私は黙って母を見つめるだけです。傍らで祖母も複雑な表情を浮かべていました。

一番、母がつらいことは分かっていました。私のことを考えて、黙っていてくれていたことも分かりました。でも、いろいろな感情がごちゃまぜになってしまって、「もう手伝わない！」と宣言したことははっきり覚えています。

「父ちゃんが戻ってくるまではお願い！」

すると母が涙を流しながら、頭を下げてくるではありませんか。あの、いつも明るく何事にもドンと構えていた母が、です。

それから数日間、母とは会話はありませんでした。悪いことをしたとは思っていて、どうやって謝ったらよいのか分からずに、何も言葉が出てこなかったのです。

私の場合、幸いにも周囲に恵まれていました。

父の一件の後も学校で明るく振る舞っていたこともあって、仲の良かったクラスメイトは何も言わず、それまでと同じ関係でいてくれました。後に中学校も同じところに通うことになり、五十路を過ぎた今でも定期的に集まっているほど仲良しです。

そんな仲間に、父の事件を改めて知って初めて相談しました。私はこのまま商売を手伝うべきなのか、悩んでいることを数人の友人に打ち明けたのです。

「手伝いなんてやめちゃえばいいじゃん！」という子もいれば、「お母さんを助けてあげなよ」という子もいました。皆の気持ちはいろいろありましたけど、私のことを思ってくれる気持ちは一つなんだと思うと嬉しかったです。

ちなみに陰で私のことをアバシリ呼ばわりしていた同級生たちは、腫れ物に触るような感じで私を避けるようになりました。

本当は何か言いたかったらしいけれど、「杏子のお父さんが出所したら何をされるか分からないから……」と勝手に怖がっていたのだとか。もう勝手にしてくれって感じですね。

親方夫婦からの呼び出し

母との一件を聞きつけたのか、それからしばらくして親方夫婦に呼ばれました。

場所はファミリーレストランで、食事をしながら話をしました。

「杏子ちゃんは、将来、どんな仕事をしたいんだい？」

相変わらず、穏やかな口調です。

そのときも、私は芸能の仕事をしたいと思っていたのですが、本当のことをいうのが恥ずかしくて言葉を濁しました。

すると親方は私の目を優しく見つめました。

「どんな仕事をするにしてもね、いろんな経験はしておいた方がいいんだよ。たしかに、テキ屋は世間からはみ出して見えるかもしれない。だけど、自分に嘘をつかなければ、それは正しいことなんだ」

親方の奥さんも優しく言いました。

「杏子ちゃんの夢を叶えることは大事なことよ。でもね、いまはお母さんを助けることも大切だってことを分かってほしいな」

親方の奥さんも、私の母同様、肝っ玉母さんを絵に描いたような人でした。若い衆に対して実の子どものように向き合い、相談に乗ることもあったようですし、本気で怒ることもあったそうです。奥さんの言葉には、親方の言葉とは違った温かさがありました。話を聞いているうちに、自分は間違っていたと思えるようになりました。

この話の終盤、親方が「杏子ちゃんにはセンスがあるね〜。親父（父のこと）よりもスイネキの扱いが上手いよ。アイツに最初にやらせた時は大きさがメチャクチャでどやしたもんだよ」と笑いながら話してくれました。さらに奥さんも「それを食べさせられたのは私だからね！」なんて言いだして……。当初はどことなく重い空気が流れていましたが、終盤になると和やかな雰囲気になっていました。

もちろん、これらは親方夫婦が私を乗せるために言ったものでしょうけれど、私は真に受けて少しずつ心がほぐれていきました。

そして、親方が「忙しい時は俺も手伝うから」という言葉に背中を押され、商売を本格的に手伝う決心がついたのです。

父ちゃんがいない夏休み

親方夫婦との話し合いから間もなく、梅雨が明けました。

夏がくるのを待ちかねていたかのように、関東各地でさまざまなお祭りや盆踊りが開催されます。

私たちテキ屋が本領を発揮する季節であり、最大の稼ぎ時です。そして、私にとっては父のいない初めての夏休みが始まったのでした。

ここで少しばかりテキ屋一家の夏休みについて触れておきましょう。

テキ屋は世間様が休みのときが稼ぎ時なので、夏に家族旅行など行くヒマがないと思われているかもしれません。たしかに忙しくはあるのですが、それもせいぜいお盆くらいまで。父がいた頃は、8月20日をすぎると家族旅行に出かけたものです。

ただ、時期的にクラゲが多くなりますし、水温も下がりますから、海水浴に行った記憶はありません。高原や川など、山方面への旅行が常でした。祖母も一緒だったので温泉が多かったと思います。当時はまだコンプライアンスといったものもあまり気にされていなかったので、彫り物のある父ものんびりと温泉に浸かることができました。父にとっては1年で唯一、羽を伸ばせる時間だったのかもしれません。

このような環境だったので、私の小学生のときの夏休みの宿題の絵日記は、山や温泉ばかり描いていました。それが我が家の夏休みの情景でした。

我が家の夏休みはそんな感じでしたが、知り合いのテキ屋仲間のなかには、ある出来事がきっかけで夏休みの旅行ができなくなった人もいました。

その人物とは、私の同級生で親友のヤスコです。

ヤスコの実家は金魚すくいを生業としていました。金魚は商売のたびに仕入れるのではなく、自宅で飼育・管理していました。

一度、その様子を見せてもらったことがありますが、壮観でした。

まず、屋内に縦1メートル、横3メートルほどの池が3つ。部屋の側面にはラックが置かれており、そこには水槽が15槽ほどあって、その中で種類別に金魚を飼育していました。その様子はまるで熱帯魚店のようで、中には直接、金魚を買い求めにくるお客さんもいたほどだったそうです。

そんなヤスコ一家が夏休みに一泊二日で旅行に出かけたときのことです。

その日の関東地方はあいにくの悪天候で、雷をともなう暴風雨が吹き荒れていました。雨脚は次第に強くなり、ヤスコの自宅の周辺が数時間にわたって停電してしまったのです。

電気が停まるということは、池や水槽に酸素を送る機械も止まってしまうということです。結果、大量の金魚が死んでしまい、「もう旅行には行かない！」となったそうです。ヤスコは「商売で家を空けている時にも停電する可能性だってあるじゃん！」と悲しい顔をしていましたが……。

ちなみに、金魚すくいの金魚は比較的弱りやすいイメージがありますよね。だから、世間では中には最初から弱っている金魚を使っているのでは、と疑う声もあるようです。でも、ヤスコのお父さんに言わせると、それはとんでもない濡れ衣だといいます。

「金魚すくいの金魚がすぐにロクる（＝死ぬ）から、最初から弱っている金魚を使っているんじゃないかって？　とんでもねえよ！　うちみたいに元気な金魚を出しても、すくう時に追い回されるから、ストレスが溜まっちゃうんだよ」

お客さんの中には、金魚を入れてもらった袋をぶんぶん振り回す人もいます（とくにお子さんに多いですね）。ヤスコのお父さんによると、これが一番、金魚にストレスを与えるそうです。

金魚は持ち運びの道中、袋の中で常に目が回った状態になっているため、家で水槽に離した直後はジッとしています。

「そこを〝動かないな〜〟なんて水槽を叩いたり、棒でつついたりしてみろよ。ものすごいストレスになる。これもロクる原因だな」

金魚すくいの金魚は、丁寧にケアしながら育てると15年くらいは生きるそうです。どうかすくった金魚は振り回すことなく、しずかに持って帰ってあげていただきたいものです。

夏のあいだのアルバイト

テキ屋の娘ならではの夏休みの情景として思い出すのが、8月半ばになると家の中にカブトムシやクワガタの飼育ケースが増えることでしょうか。と、いうのも、季節ものとして夏はカブトムシ、秋はスズムシといった昆虫を扱うテキ屋がいるからです。

カブトムシがよく売れるのは夏休みに入るか入らないかの7月下旬。たぶん、お子さんの夏休みの宿題の観察用なのでしょうね。ですから夏休みが終わりに近づくと売れ行きが鈍ります。そして生き物の摂理ですが、弱ってきます。そんなカブトムシなどを仲間の子どもに配るテキ屋がいて、弟が小学生の頃、我が家にも夏の終わりになると数匹のカブトムシ、クワガタがやってくるわけです。

こうした昆虫は問屋さんから仕入れることもありましたが、中には〝自前〟で調達するケースもありました。虫取りには新人が駆り出されることが多いようで、それぞれの組織が秘密のスポットを持っていたそうです。

私の弟も中学生時代からバイトとしてカブトムシ採りをやっていました。深夜3時頃に出発し、採取した昆虫をテキ屋に卸して朝6時頃に帰宅するのです。

私は虫全般が苦手ですから興味はありませんでしたが、本書のために弟に聞いてみました。いったい、どこまで行ってカブトムシやクワガタを採っていたのか？　すると、意外にも「当時住んでいた家から1キロメートル範囲の街灯の下」という答えでした。私はてっきり林や森に行っていたものだと思っていましたから、これは意外でした。

弟いわく「30年前はまだそこら辺にいたんだよ、カブトムシは」なのだとか。

当時、私が住んでいた東京近郊のM市は、造成される前の雑木林がいくぶん残っていたので、そこから飛んできていたようです。弟は当時、学生生活の傍ら実家の商売も手伝っていましたが、このカブトムシ採りは良い小遣い稼ぎになったそうですよ。

私はこの夏休み期間、というか夏の商売があまり好きではありませんでした。

その理由も虫です。

まず、蚊！　水回りにどうしても寄ってきますからね。だからといって一匹ずつ潰すほどヒマではありませんし、あんず飴をさばくことに必死ですから、気付けば何か所も刺されていてというのが当たり前でした。さらに夜になると、屋台の灯りに蛾などの虫も寄ってきますし、甘い物を扱っているので蟻対策もしなくてはなりません。私にとって、虫は天敵のようなものでした。

あと夏の商売が嫌いだった理由は、とにかく同性代の子どもがうらやましかったんです。同じ年くらいの子どもが、祭りに遊びにきて、屋台で買い食いをしたり、金魚すくいをしたり、盆踊りをしたりしている。そんな姿を見て、悔しさすら覚えていました。とくに家の近所での商売の場合は、同級生が屋台の前を楽しそうに通り過ぎるのを見て、身を隠すように顔を下に向けて「私が働かされているのに、なんであの子たちは楽しんでいるの！」と恨んだものです。

私が家の商売の手伝いをしていることは、もちろん、皆が知っていることですけれど、これ以上知られたくない！　そう思いながら、あんず飴を売っていましたね。だから、あまりその頃のことは振り返りたくないのですが、あのときがなければ今の私がいないことも事実……。ちょっと複雑な気持ちが交錯するのが小学5年生の夏休みの思い出です。

テキ屋を始めて変わった学校生活

ただ、テキ屋を手伝うのは、自分にとって〝役得〟と思ったこともありましたよ。

私が小学5年生だった当時、夏休みは7月21日から始まって8月31日で終わるという日程でした（現在は縮小しているようですが……）。

我が家の商売は、8月半ばまでは金曜日から日曜日にかけての週末。お盆は入りから開けるまでの毎日。そして、お盆後はゆったり……というのが夏休みの流れでした。

このようなスケジュールですから、夏休みの宿題はお盆の後に一気に……と言いたいところですが、情けないことにいつもギリギリまでやるタイプでした。いや、正直なことを申し上げますと、ギリギリを超えて提出できなかった課題もありました。

先生の反応は……状況を察してくださったのか、お咎めは一切なし。当時は「なんて優しい先生なんだろう！」と感激していましたが、いまになって思うと優しさに由来した行動ではなかったのかも。先生は私の家の仕事や父の事件のことを当然知っています。とくに父が逮捕されてからは、腫れ物に触れるかのように接してきましたので、先生の考えていることは分かるわけです。そんな感じで、先生とは卒業するまでずっと距離を感じたままでした。

夏休みが終わり、2学期が始まりました。

私が小学生の時分は、土曜日にも授業がありました。最近の方は驚かれるかもしれませんが、〝半ドン〟と呼ばれていて、午前中だけ授業があったんですね。

土日は祭りや縁日が行われることが多いため、私は頻繁に土曜日を休むようになりました。最初のうちは「ラッキー！」と思っていました。勉強があまり好きではなかったので、授業を受けなくてよいのは、何よりのご褒美だったのです。

でも、休みを重ねるうちに、徐々に疎外感を覚えるようになりました。

当時の土曜日って、友だち同士でお昼ごはんを食べたり、そのまま午後に遊びにいったりと、生徒にとっては重要な日だったんですね。中には翌日が休みだから、お泊まり会をする友だちもいたり……。週明けの月曜日、仲の良いクラスメイトから「土曜日に○○にみんなで遊びにいったんだ」とか、「○○ちゃんの家でお泊まり会をしたんだよ」などと報告を受けるのが憂鬱でした。

同級生たちに悪気はないのは分かっているのですが、週末に親の手伝いをしている身としては、「なんで私だけ……」とつい思ったものです。

しかも、商売が入ると朝が早いんです。祭りであれば、開催時間の3、4時間前には現地に到着している必要がありました。

商売の場所は、主催者によってあらかじめ決められていることが多いので、場所取りを理由に早く行く必要はありません。それではなぜ、早い時間に到着していなくてはならないのか。それは早く行かないと会場にたどり着けないおそれがあるからです。祭りによっては、開催期間中、周辺の道路を通行止めにすることがあります。屋台などの商売道具は車で運ぶため、道が通れなくなれば即アウト。商売ができなくなってしまいます。

通行止めとなる時間が早いほど、私たちの出発時間も早まるわけで、それこそ前日の深夜に出発なんてこともザラです。もちろん、運転するのは母で。私は屋台ができあがるまで助手席で寝ていただけですが……。と、いま書いていて気が付きましたが、ひょっとしたら異様に出発が早かったのは、私が屋台を作れなかったからというのもあったのかもしれませんね。

さて、夏休みの商売に話を戻しましょう。

夏の間は忙しく働いたので、個人的には売上には手応えを感じていました。

当時はあんず飴を1本100円で売っていました。規模の小さな夏祭りだと、だいたい1日に売れるのは300本。ということは3万円の売上です。初めての夏の商売での最大の売上は、入谷の朝顔市で、1日に1000本以上売りました。この朝顔市は7月の初めに行われますから、私が手伝い始めたばかりの頃でした。親方にサポートしていただきましたが、文字通り、目の回るような忙しさで、最初のうちにそうした現場を経験できたので後は慌てることはほとんどありませんでした。

ちなみに、当時の私の〝日当〟は1日につき2000円でした。

正直なところ、「かなり安く使われたな～」とは思いますが、夏休みが終わる頃にはそれなりにリッチになっていました。そうして貯めたお金は、好きな服を買ったり、当時はまだ高根の花だったファストフード店で友だちにごちそうするなどして使っていました。

でも、その後、友だちとファストフード店に出入りしていたことが、学校で問題になってしまったんです。

女子が3、4人集まっての食事ですから、話に夢中になりすぎて、つい声が大きくなってしまったんですね。他のお客さんから迷惑をしたというクレームが学校に入ったんです。結果としては「友達同士でのファストフード店での飲食は禁止」が通達されました。そこで私たちはテイクアウトをして私の家に集まるようになりました。今思うとモノで友だちを釣っているようで嫌ですが、そうすることで私は土日に友だちと遊べない心のモヤモヤを埋め合わせていたのかもしれません。

運動会の嬉しいサプライズ

秋になるとちょっとした問題が持ち上がりました。

私の子どもの頃は、秋にもさまざまなお祭りがあったので、週末は商売がよく入りました。

しかし、学校生活では秋にビッグイベントがあります。

そう、運動会です。

私は勉強はからっきしでしたが、運動神経はなかなか良かったので、運動会は学校生活で本領発揮ができる数少ないイベントでした。運動会は日曜日などの休日に開催されるのが基本、そこで母にハッキリと「運動会に出たい！」と頼みました。

母は多少悩んだようですが、「じゃあ、運動会の日はスイネキはやめて、デンキだけにしておくわ。その代わりお昼ご飯は一人で食べてね」と参加を認めてくれました。

父がいた頃の運動会は、父のみが商売に行き、母と祖母と弟が観覧にきて、一緒にお昼ご飯を食べるという流れでした。しかし、この年は祖母が家で弟の面倒を見ることになり、私は一人でご飯を食べることになったのです。これは仕方がないこと。私も諦めていました。

しかし、運動会当日、嬉しいサプライズがありました。

私が通っていた小学校には、テキ屋の子どもがいました。その中には両親が揃って商売に出ていて、一人で昼食を食べる子が多くいました。それを察したのが親方の奥さんです。

奥さんは大量のおにぎりや唐揚げを持って、学校にきてくれました。そして親がきていないテキ屋の子どもたちを集めて、一緒にお昼を食べてくれたのです。

それにしてもすごい量の唐揚げです。理由を尋ねると、「物置に屋台で使うフライヤーがあったから、引っ張り出してきて庭で若いコたちに揚げさせたのよ」とか。おかげで楽しい昼食になり、午後の部もがんばれました。

ちなみに翌年は弟も1年生になったので、さすがに母も商売を休んで運動会に駆けつけました。皆で揃ってお昼ご飯を食べた運動会は、この一回きりのことでした。

この小学校の運動会ですが、中学生になっても〝参加〟することになりました。校門の前に空き地があって、そこにいくつかの屋台が出ていて親方からお呼ばれされたからです。

「この地域はうちのシマ（縄張り）だ。交渉したら商売をしてもいいって、地主から許可が出たんだよ」

親方はそう言っていましたが、後に「ここで商売してれば杏子ちゃんも弟の運動会を見られるだろ」という優しい配慮だと分かりました。

運動会など、学校行事の際に行う商売は、その会の開催時間中はみんな見学をしているのでヒマなんです。忙しくなるのは閉会後。「今日はがんばったから特別ね」といった感じで、ご褒美として買ってもらうのです。そのため、屋台のラインナップもスイネキ（あんず飴）の他は、バナチョコ（チョコバナナ）、カンスイ（ジュース類）、コオリ（かき氷）といった、子どもが喜びそうなおやつ系のものばかりでした。

私にとって小学校の生徒はいわば後輩。中には知った顔もチラホラいました。「杏子ちゃんの店だ！」と喜んで買ってくれる子が多かったので、けっこう儲かった記憶があります。その反面、弟は「なんでオマエの姉ちゃんが売ってるんだよ！」とからかわれて、イヤな想いをしたそうですけど……。

冬の時期は商売もゆったり

運動会シーズンが終わると年末まではゆったりしたペースになります。

まぁ、私の生業のスイネキの類は見た目が涼し気なものですから、夏に比べるととくに緩やかになるものです。それでもさまざまなところで商売があるわけで、冬の風物詩といえば11月の酉の市でしょう。12日に1回巡ってくる酉の日に開催され、熊手などの縁起物を買って、1年の無事の報告と翌年の福を祈願する催し物でとしておなじみですよね。

この酉の市といえば、主役は熊手や招き猫といった縁起物で、その中にはかなり大きな物もあります。そうとなると両手がふさがってしまうので食べ歩きどころではありません。これも私の商売が緩くなる理由ですが、その代わり〝楽しみ〟があります。それは商売の合間を縫って、煮込みやおでんといった温かいものを食べることです。冬の厳寒の中での屋台での商売は寒さとの戦い。ほかほかと湯気の立つ煮込みやおでんは、芯まで冷え切った身にはたまらない美味しさでした。

それに加えて、私にはとっておきの冬の楽しみがありました。よく屋台が隣になったタケシさんの焼きそばです。

タケシさんは父と同年代の方で、もともとは関西で商売をされていたそうです。それがワケあって関東に流れつき、親方に弟子入りし、私が商売を手伝うようになった頃に一本になった人です。そして、この一本になってからの焼きそばが、実に美味しかったのです。

組織によると思いますが、焼きそばであれ、お好み焼きであれ、そのレシピは代々受け継がれてきたものに則って作られます。それがその組織の味であり、味を決めるのは親方であったりします。基本的には勝手に味を変えることは許されません。

しかし、一本になれば話は別。〝自分の味〟を追求できるようになります。そこで関西出身の本領を発揮したのが、タケシさんでした。

「企業秘密や！」という独自のブレンドソースを使い、「野菜も切り方次第で味わいが違ってくるんや」とのこだわりよう。さらに麺を炒める際に〝秘密のスープ〟をかけることで独自の味わいを作り上げていました。

その美味しさといったらもう……。私はタケシさんの屋台が出ていたら、昼食はぜったい焼きそばと決めていました。タケシさんは私が25歳の頃に残念ながらリタイアされました。そうして、あの焼きそばも幻に。もう一度だけでいいですから、なんとか食べたいものです。

酉の市が終わると街はクリスマス一色、職業によっては繁忙期になりますよね。

しかし、私たちの商売には関係ありません。

とくにバブルの頃から、世間様はやれ高級レストランでディナーだとか、ホテルのスイートルームを予約して……という感じで楽しんでいる様子でしたが、私たちが商売をやるのはクリスマスとは無縁の場所が大半。クリスマス当日は、家では一応、母がいつもよりも少し贅沢な夕食を作ってくれてお祝いをしていましたが、父が逮捕されてからは祝うような気分になることはなく、他と変わらない平凡な一日だったような記憶があります。

それでも私や弟には25日の朝になると、枕元にサンタさんからクリスマスプレゼントが届いていて嬉しかった記憶があります。

母は忙しかったので、そういったものを買いに行っているヒマはなかったはず。今、考えてみると、それも親方が調達してくれたものだったのかもしれませんね。

大晦日と正月は下半期最大の稼ぎ時

さて、冬の最大の稼ぎ時といえば大晦日から始まる初詣です。

都内の大きなお寺や神社の敷地に所せましと屋台が並ぶ風景は、私にとって1年の始まりを象徴する風物詩。この大晦日から元旦にかけては、1年で唯一、〝家に帰らずに商売をする日〟でもありました。

よく、「テキ屋さんは商売柄、いろいろな場所に行けていいですね！」と言われますが、とんでもないことです。たしかに定期的に商売をする場所は、20から30か所はありました。しかし、私たちが商売をできるのはシマ（縄張り）である関東の一部のみ。ようは日帰りで行けるところばかりです。宿泊費をかけてまでやるような、泊りがけの商売は基本的にやりません。

しかし、大晦日から元旦にかけては、街が眠りませんし、需要があるので、そのまま深夜3時頃まで商売をします。翌日は朝9時頃から商売が始まりますので、車の中で仮眠を取る……というパターンです。

40年以上前のことですのでここで白状しますが、私も深夜まで商売をしていました。いや、どちらかといえば商売というよりも、夜更かしをしている感覚でしょうか。普段は寝ている夜中に商売しているのが、大人になったようで嬉しかったのを覚えています。

正月が終わるとしばらくの間、これといったイベントはありません。とくに2月は、昔から〝ニッパチ〟などと言いますからね。2月と8月は飲食業にとって閑散期という意味の言葉ですが、2月が閑散期なのはテキ屋も一緒。屋外は冷え込みますから、そもそもあまり商売がありません。節分のときに大きなお寺さんが豆まきを行いますが、そこに呼ばれれば御の字で、あとは春が来るのを待つ……といったところです。

ですから、私は3学期は比較的、学校生活を楽しむことができました。高学年になると、女子にはバレンタインという一大イベントもありますからね。私のあんずのシロップを隠し味にした手作りチョコは、ちょっとした評判になりました。

そして、春はお花見会場での商売がメインになります。

もちろん週末が忙しいのですが、会社員の方々はお仕事終わりに花見をされることも多いので、平日の夕方からも商売に駆り出されました。

正直なところ、酔っ払いを相手に物を売るのは気持ちのいいものではありません。とくに、私は子どもでしたから、酔った勢いで「このガキがなんであんず飴を売ってるんだ？」と絡まれたことは一度や二度ではなかったと思います。

その都度、愛想笑いを浮かべてやり過ごしていましたが、あまりにしつこいときは隣の屋台の顔見知りのテキ屋さんに助けてもらいました。

ちなみに花見の期間は、夜遅くまで商売をしなければならないため、その間は学校に行くのを母から免除されました。とくに病気もしていないのに、学校を休めるのが妙に嬉しくて、学生時代は花見での商売がなぜか好きでしたね。

テキ屋稼業ならではのクセ

気が付けば商売の手伝いをしてから1年が過ぎようとしていました。

この頃になると、商売にも慣れ、屋台に立つのが当たり前になっていました。

心配していた修学旅行も、平日の催行だったので無事に行かせてもらうことができました。

行き先は、関東の小学生にはおなじみの栃木県の日光でした。

東照宮に中禅寺湖……日光は初めてだったので、見るものすべてが新鮮でした。夜には仲の良い友だちと枕投げをしたり、消灯時間が過ぎてもおしゃべりをしたりと、すてきな思い出を作ることができました。

でも、悲しいかな、旅先でも商売のことが気になってしまうんですね。

有名な観光地ですから、神社仏閣の参道にずらっと屋台が並んでいたんです。それが気になって仕方がないんですね。どういう商品を売っているのかとか、商品をどう並べているのかとか、お客さんへどう声をかけているのかとか。何か参考にならないか、と考えてしまうんです。小学生にして、これは立派な職業病ではないでしょうか。

それから数か月が過ぎ、私は中学生になりました。

私が通った中学校には、周囲の色々な小学校から生徒が集まってきていました。父の一件を知らない人も多かったので、フラットに付き合ってくれるクラスメイトが増えたことは大きかったです。もちろん、私の家業や父の事件を知る人もいましたが、テキ屋の手伝いをすることは日常になっていたので、嫌なことを言われたりしても「だから何？」という心の余裕もできていました。

私が家の商売を手伝っていることは、入学前にあらかじめ学校側に伝えていました。そのため、商売のことは暗黙の了解で、中には「がんばれ！」と応援してくれる先生までいました。地元の祭りで商売をするとクラスメイトが買いにきてくれることもありましたし、周囲の理解を得られたことはとてもうれしかったです。

中学では部活に入りました。本当はバスケットボールがやりたかったのですが、私の場合、週末は商売で練習に参加できません。団体競技は向いていないと思い、個人種目が充実している陸上部に入部しました。一緒に入った同級生の中には、先輩後輩の関係が嫌ですぐに辞めてしまう子もいましたが、テキ屋の世界を見ていたせいか、少しも厳しいと思いませんでした。

しかし、です。

中学に上がると商売についていきたくても、母が許してくれないときも出てきました。中間テストや期末テスト期間です。

さすがの母も、このときばかりは「ちゃんとテストを受けなさい」ということで、その前の週から家で勉強を命じられました。そこには母の「絶対に高校に行ってほしい」という願いがあったからなのですが、実は私、高校進学は諦めていたのです。

この学校に行きたいなあ、という思いはあったのですが、どこかで父のことが引っかかっていたんですね。

身内に逮捕者がいるということが、すぐに分かってしまうだろう。そうなると、私はきっと内申書などで弾かれてしまう。きっと高校には絶対に受からないだろうと考えてしまっていたんです。

いまとなったら、身内に服役中の人がいても、高校受験には何の関係もないことは分かります。受験はあくまで本人の力をはかる場ですから、努力次第でどんな学校にもいけるはずなんです。

にも関わらず、私がそう考えたのは、多分に甘えもありました。

父のせいでどうせ高校にはいけないのだから、勉強なんてするだけ無駄。

勉強をさぼっていい理由が欲しくて、父のせいにしていたのです。

ただ、今回ばかりは母の決意は固く、高校進学を迫ってきます。

それで私は渋々受験することになり、県立高校になんとか滑りこむことができたわけですが……。

高校に入ってからの続きは、4章でさせていただきましょう。

【第三章】知られざるテキ屋のオキテ

テキ屋業界のリクルート

ここまで私の生い立ちから話を進めてきました。

高校生以降の話を欠く前に、この章ではテキ屋のあれこれについて書いていこうと思っています。ただ、これから書く内容は、あくまで私が見てきたものです。組織や地域によって異なることも十分に考えられますので、どうかその点だけはご留意ください。

さて、それではどこから書いていきましょうか。

最初ですので、まずは「テキ屋になる方法」から説明いたしましょう。

私がかつてテキ屋をしていたというと、驚かれることが大半ですが、ときには「へえ、テキ屋か、面白そう。どうやったらなれるの?」と聞かれることがあります。祭りや縁日という非日常な場で働く仕事ですから、楽しそうに見えるのかもしれません。

たとえば、テキ屋になりたいと思ったとして、屋台を購入したとします。そして、商売のネタの材料を仕入れれば、テキ屋という体は成り立ちます。しかし、それで食べていけるかというと、話は別でしょう。

なぜなら、それでは商売をする場所を貸してもらえないからです。テキ屋にとって屋台やネタは重要ですが、それらは商売できる場所があってのもの。テキ屋に新規参入する、というのは難しいといえるでしょう。

それでは、どのようにしたらテキ屋になれるのか？

第1章でも書いていますが、私の父のようにテキ屋に弟子入りすることが確実かつ手っ取り早い方法ではないでしょうか。

テキ屋は一本になった後も横のつながりがモノを言います。

ですから、最初は大きな組織で下積みをして組織内はもちろんのこと、その組織とつながりのある別の組織にも顔を覚えてもらうことが大切だと思います。そうすると一本になったときに、自分が所属していた組織だけではなく、他の組織からも「うちの庭で商売しないか？」という誘いを受けることができるわけです。そうやって自分が商売できるエリアを広げていかないと、一本になったときに稼げませんからね。そのためにも最初はある程度大きな組織で修行をし、顔を売っていくことが一番の近道なのです。逆にそこで何もできないと、まさに「顔じゃない」と一蹴されることになるでしょう。

もう一つ、テキ屋になるための道が、私のように親のテキ屋を手伝っているうちにいつの間にか……というパターンです。ようは家業を継ぐということですが、このパターンはけっこう多いと思います。

私の周囲にはテキ屋の子どもが多かったことを書きましたが、実際、その半分以上が家業を継いでいます。そして、それぞれがテキ屋としてそれなりの成功を収めていると思います。

これは私の考えですが、やはり子どもの頃から親の仕事を見ていると、意外とできてしまうものではないでしょうか。私自身、小学5年生でやむを得ず商売を手伝うようになりましたが、最初の頃からそこそこやれたのは、小さい頃から親が商売するところを見ていたことが大きかったと思います。習うより慣れろとは少し違いますが、環境がモノを言うのでしょうね。

あとは、父のように一本になり、親方を持たずに細々と商売をしているテキ屋の場合、アルバイトを雇うこともあります。といっても、求人誌やサイトに募集を載せるわけではありませんから、やはり身内だったり、知り合いだったりすることがほとんどですが、このような入り口からテキ屋になるケースもあります。

ただ、最近、とくに平成の後半に入ってからは、下積みから経験して将来は一本でやりたいという気持ちを持った成り手が少なくなっているように思います。また、家業を継ぐ気持ちを持っているテキ屋の子どもも減っているのではないでしょうか？

哀しいかな、テキ屋に儲かるイメージがないことが大きいですね。とくにコロナ禍の影響で以前よりも衛生への関心が高くなっている今、より一層、テキ屋は職業の選択肢から外れていくと思います。

また、業界自体が年々尻すぼみになっていく中、親としても自分の子どもに継がせることに抵抗感を持つ人も増えているでしょう。暖簾を守りたい気持ちはあっても、ご時世的に商売が成り立たなくなっているわけですから、商売をたたむということも致し方のないことだと思います。

そして、これは私や周囲のテキ屋仲間も同じ意見ですが、「子どもには自由にさせたい」という気持ちも大きいと思います。私のように、自分の夢や目標を諦めて家業を継いだ経験がある場合はなおさらでしょう。そもそも、渋々引き継いだような仕事が、その後も続くとは思えませんからね。

テキ屋がトレンディな時代もあった

最近はテキ屋の成り手が少ないといいましたが、私が商売に身を置くようになってから実は一度だけ急激に志願者が増えたことがあります。

それは1990年春のこと。テレビドラマ『ホットドッグ』の影響でした。『ホットドッグ』は、TBS系列で1990年の4月から6月にかけて放送されたテレビドラマです。主演は柳葉敏郎さん。ひょんなことから4人の子どもを預かることになった、テキ屋の主人公が繰り広げる義理と人情の世界を描いた物語でした。俳優のえなりかずきさんのデビュー作としても有名ですね。

テキ屋がテーマですから、当然、私も見ていました。細かなディテールなどとても良くできていて感心しましたが、やはり現実とは違う部分も多く、感想を一言でいえば「まあ、ドラマの世界の話だから」という感じでした。

しかし、このドラマの影響は絶大でした。ドラマの描写を真に受けた若者が、「僕もテキ屋になりたいです」と次々にやってきたのです。我が家では弟も本格的に手伝うようになっていたのでお断りしましたが、他のテキ屋の中には受け入れたところもあったようです。現在、商売を営んでいる50歳前後のテキ屋の中には、『ホットドッグ』に影響を受けた者もいるかもしれません。

また、蛇足にはなりますがこの当時、急に若い女性のお客さんが増えたことも覚えています。理由は柳葉敏郎さんの弟分として、当時人気だったアイドルグループ・光GENJIの大沢樹生さんが出演していたからです。「若いテキ屋には大沢さんみたいなイケメンがいるのでは？」という淡い想いを抱いてきたのでしょうか？　いずれにしても、あのドラマの影響でテキ屋業界にプチバブルが起きたことは事実です。

ちなみに私ごとですが、このドラマのロケに一度参加したことがあるんです。場所はたしか、墨田区の向島にある牛嶋神社だったと記憶しています。撮影の後には柳葉敏郎さんや大沢樹生さんと記念撮影をしていただいたのですが……あの写真、どこへ行ってしまったのでしょうか？

さて、話を戻しましょう。テキ屋稼業の引き際、つまり、辞めるときですが、会社員の定年のようなコレといった決まりがあるわけではないと思います。どこかに廃業届を出すという話も聞いたことはないですからね。たとえば、父のように一本になっている場合は自分の体力の限界などを考えて商売から身を引く……という感じではないでしょうか？　その際には親しいテキ屋仲間に「俺、もう辞めるから」と声をかけることはあるでしょうけど、それも本人の自由といった感じです。

ただ、組織に属している場合はもう少しキチンとする必要があるでしょう。

当然、筋として所属している組織の親方の了解は取る必要があります。辞めるからといって、いわゆる〝落とし前〟のようなものはないでしょうし、義理を通せば快く送り出してもらえるのではないでしょうか。

辞める理由は十人十色でしょうし、たとえば実家を継ぐなど家庭の事情でしたら「落ち着いたら戻ってこい」といわれるかもしれません。実はけっこう出戻り組もいるんですよ、テキ屋業界には。私自身も親方の組に出戻りした者を知っていますし、筋を通せばある程度の出入りは自由のようです。

逆に筋を通さずに不義理をした場合は、破門という形になるでしょう。破門を受けると、処分を伝える回状が出ることがあります。

私の家にも「○○は破門になった」と書かれた破門状が届いたことがあります。

ただ、破門になっても他に移って商売を続ける人もいます。たとえば、関東で破門された人が関西に移って商売をするといったケースは珍しくありません。しかし、そういう人はやはり信頼を失いますし、その後、一本で活動していくのは難しくなるでしょうね（破門の場合は赦しが出たら解くことができますが、それ以上の〝絶縁〟を言い渡されると完全にアウトです。復帰は難しいと思います）。

もちろん、義理が通った移籍もあります。

たとえば、AとBという2つの組の親方同士が兄弟分の関係だったとします。Aでたこ焼きを担当していたテキ屋がやむを得ぬ事情で辞めました。そのとき、Aの親方がBの親方に「たこ焼きの者がいなくなったから、一人、なんとかしてくれないか？」と相談を持ちかけたとします。そのとき、B組にたこ焼き担当者が複数いた場合は「それじゃあ……」という感じで移籍させるケースがそれに当たると思います。

扱うネタはどう決めているのか？

さて、テキ屋になれる、なれないという話と少し似た話題になりますが、「業種は自分の好きなものを選べるのか」と疑問に思いませんか？

これは組や親方の考え方によって違ってくると思います。

私の父にその点を聞いてみたことがあります。

「最初はいろんな業種を知っておけって言われて、兄貴分のタコ（たこ焼き）やオコノ（お好み焼き）といった食べ物から、あわせ（くじ引き）とか水チカ（水ヨーヨー）も手伝わされたなあ」とのことです。

一般の会社でも新入社員に色々な部署を経験させたりしますが、テキ屋でも同じようにして、向き不向きを査定しているのかもしれません。また、これも父から聞いた話ですが、組によっては最初から「オマエはオコノな！」といった感じで、扱うネタを親方から指定されるケースもあるそうですよ。

父は第一章で書いたように、親方の元にいたときはお面を売っていました。

それなのになぜ一本になるときに、わたあめとあんず飴を選んだのでしょうか？

実は私自身も疑問に思っていたので、大人になってから「あのとき、どうしてデンキとスイネキだったの？」と聞いたことがあります。気になるその答えは……「どっちとも材料が腐りにくい（長持ちする）からだよ」とのこと。答えを聞いて、「え？それだけの理由？」と驚いてしまいました。たしかにあまりにも現実的でおもしろい理由ではありませんよね。もう少し気の利いた答えであってほしかったというのが今、この本を書いていての本音です。

しかし、大人になって本格的に商売をするようになってから、父の選択が実に堅実で効率的だったと分かりました。まず、わたあめの原材料のザラメ（砂糖）も、あんず飴の主体になる水飴もかなり日持ちします。とくに砂糖は食品表示に関する法律では品質の劣化が極めて少ない食品として賞味期限や保存方法の表示を省略できる、つまり、賞味期限を設定しなくていいことになっています。

仮に、我が家が商売をしていた祭りにきていた人が、いくつかの屋台で買った商品を食べて体調を崩されたとします。それが傷んだ物を食べたからという理由の場合、たとえ食べた商品の中にウチのわたあめがあったとしても「原材料の砂糖には賞味期限がないから関係がない」と主張できます。それほど砂糖は優良素材なのです。

そして、あんずやすもものシロップ漬けも封を切らなければ数年は保存できます。仮に商売が思うようにいかない日が続いてもダメージを最小限に抑えられるわけです。

これがお好み焼きや長シャリ（焼きそば）だと、そうはいきません。

材料として使う卵や肉は、ある程度日持ちはします。とくに肉類は冷凍保存ができるので、冷凍庫にいれておけばしばらくの間は持たせることはできるでしょう。

ただ、野菜関係がポイントになってきます。キャベツなどの葉物野菜は天候によって値段の相場が変わるため、場合によっては赤字要因になる可能性があるのです。そのため、長シャリの場合は、キャベツの価格が高騰している時はモヤシを多めに使ったりと工夫はしているようです。

食品を扱う者として、基本的には〝シケネタ〟もしくは〝残ネタ〟（古い材料のこと、〝アニキ〟ともいいます）を使って問題を起こすよりも、できることならば〝マブネタ〟もしくは〝ホンモノ〟（新しい材料）を使って的確に商売をしたいのが本音。そのため、材料にかかるコストや効率はどうしても悪くなりがちです。

令和3年から令和4年にかけての各食品の値上げは、テキ屋業界にも大打撃を与えています。商売を続けている昔の仲間に聞いてみると、「長シャリなんて、小麦を使った麺はもちろんのこと、豚肉も野菜も炒める油も値上げ幅がとんでもないことになっている。正直、1パック1000円でも割が合わなくなってきている」とのこと。運搬する際の交通費（ガソリン代）、ガス代なども値上げが著しいですし、かなり厳しい状況であることは容易に想像できます。これもテキ屋稼業が尻すぼみになっていく一因であることは間違いないでしょうね。

この本を読まれている方の中で飲食店を経営されている方がいらっしゃったら分かると思いますが、テキ屋ももちろん、原価率をシッカリ計算しないと成り立ちません。正直なところ「こだわりよりも利益」と考えないと儲けは出ません。私が商売を手伝い始めた当時はあんず飴が1本100円の時代です。明確にはいたしませんが、その原価を考えると元手もそんなにかからないでしょう。一本になった当時、父もそんなに貯えがあったわけではありませんし、なるべく少ない元手でスタートできて、それなりの利益が期待できる業種です。

とくにわたあめなんぞはスプーン3、4杯のザラメで一袋分の量ができますし、かなり利益率が高いものです。そのためでしょうか。テキ屋業界では、わたあめを『親分ネタ』と呼び、親方や一本になった者など、一部の者しか扱えないものだと聞いたことがあります。ですから、100軒以上のテキ屋が出ている大きな縁日でたこ焼きなどの焼き物が多く出ていても、わたあめは少なかったりします。みなさんも機会がありましたら、ぜひ、縁日で観察してみてください。もちろん、私が聞きかじった話であって、もしかしたら組織や地域によって異なるかもしれませんけれど、このようなところにも力関係が見えてきますよ。

さらに材料の仕入れやすさもポイントになってくるでしょう。

材料を簡単に仕入れられるかどうかも、父がデンキとスイネキを選んだ理由の一つだと聞いたことがあります。両方とも材料は市場で揃えていました。一度に大量に仕入れれば、それだけ安くなりますしね。ただ、わたあめの場合は市場まで行かなくても、そこら辺でかんたんに材料が手に入ります。仮に商売中にザラメが切れたとしても、少し大きなスーパーマーケットに行けば入手することができるわけです。あんずや、すもものシロップ漬けも基本的には市場でしか買いませんが、仮に商売中に切れたとしたら、私なら缶ミカンでその場をしのぐでしょう。これでしたらスーパーマーケットでなくてもコンビニでも入手できる物ですからね。

知って得する!?　テキ屋用語

ここまで数種類のネタ（屋台の種類）を、あえてテキ屋用語を織り交ぜて書いてみました。

みなさんの役に立つかは分かりませんけれど、ここで屋台の種類をいくつか専門用語と共に紹介してみましょう。

「デンキ」…わたあめ。我が家で取り扱っていたネタですが、その名前の由来は、わたあめを作る機械が電気で動くため、そう呼ばれるようになったとか。〝デンキネキ〟とも呼ばれます。〝ネキ〟は飴のことです。先ほど、わたあめは原料が数グラムのザラメで済み、利益率が高いことから『親分ネタ』と書きました。

しかし、私自身が「それはどうなのかしら？」と思うこともあります。それはわたあめを入れる〝ロップ（袋）〟です。たとえば、その袋に人気アニメのキャラクターが描かれていたとします。実はこれ、当然ではありますがシッカリと権利料を支払っているので、花柄など権利が発生しない物に比べると、かなり割高です。

わたあめはどんな袋に入っていても販売価格は同じですから、版権モノの袋を使うと利幅は低くなってしまいます。テキ屋の中には「少しでも多く利益を得たいから」とニセモノのキャラクター袋を使う人もいますが、子どもの目は欺けません。やはり正規品でないと売れないのが現状なのです。その結果、中身（わたあめ）よりも外側

（袋）の方が高いという現象が起こります。そこが私自身が「なんだかな〜」と思ってしまうところだったりします。

ちなみに母は一時期、アニメや特撮系の番組に詳しかったのですが、ロップを入手する際に人気番組のキャラクターの物を多めに仕入れるためだったとか。人気キャラのロップは物によってはスグに売り切れてしまいますし、その結果、売上にも響いてきますから、母は小まめに問屋に通っていたものです。

「スイネキ」……あんずあめ。私が生業にしていたネタですが、ネキとは前述のように飴のことを指します。スイは水で、つまり水飴です。あんずだけではなく、すもも、ミカン、缶詰のチェリーなど、いろいろなものを包んで売ることが多いようです。

包む物は基本的には安価なものばかりです。また、作ることを〝デッチる〟と言い、私のようなあんず飴屋は〝ネキデッチ〟とも呼ばれることもありました。

「長シャリ」……焼きそば。シャリといえばお寿司の飯を思い浮かべますよね。テキ屋業界では主食になる炭水化物全体をシャリという傾向が多く、麺は長いのでそう呼ぶのでしょうね。組や地域によっては単に〝ソバ〟と呼ぶところもあるようです。
私が子どもの頃はソース味が主流でしたけれど、最近では醤油味や塩味の焼きそばを出す屋台も増えています。

「カンスイ」……清涼飲料水。焼きそばやたこ焼きなどを食べると喉が渇きますよね。今でこそ縁日などが開催される場所の近くにコンビニがあり、そこで飲み物を買われる人がほとんどでしょう。しかし、昔は屋台でも氷を入れた容器の中で冷やした缶ジュースなどを売っていました。もうお気付きですね、缶に入った水物なので、『カンスイ』の名前で呼ばれています。
といっても、最近ではペットボトルのものを販売していることがほとんどですし、飲み物はコンビニで購入する人がほとんどでしょう。そのため、現在ではなくなりつつあるネタです。

「チャモ」……おもちゃ。子どもの遊びといえば今はゲームの類が主流になっているようですけれど、昔はカウボーイごっこなどをする男の子が多かったものです。そのときに使う水鉄砲や銀玉鉄砲をはじめ、女の子向けには人形やおままごとで使うおもちゃなどを屋台で売っていました。

それらを『チャモ』と呼んでいましたが、おもちゃの〝もちゃ〟を逆に読んだことが由来でしょう。どの業界でも見受けられることですが、逆さに呼んでそれを符丁にする風潮があるものですね。


「合わせ」……くじ。一口にくじといいましても、いくつか種類があります。ポピュラーなのは三角形に折りたたんだ紙に数字が書いてあって、それに見合った番号の商品と交換するスタイルでしょう。そうです、数字を合わせるので〝合わせ〟という呼び名がついたわけですね。

三角くじの他にもひもを引いてその先に付いている商品をもらうタイプ。また、パチンコ形式で入った穴に書かれた数字に合った商品をもらえるくじ引きもありました。今も昔もそのときに人気のおもちゃが1等賞品になっていますが、最近はゲーム機がメインのようです。

「水チカ」……水ヨーヨー（水風船）。〝チカ〟は風船のことです。ですから、ガスを入れて空中に浮かんでいるものは上がる風船ということで〝アゲチカ〟と呼びます。

この水チカですが、単に風船の中に水を入れればいいというわけではありません。お客さんには水に浮かんでいるところを釣らせるわけですから、軽すぎてはスグにつられてしまう。逆に重ければ水に浮かばないので、中に入れる水の量が腕の見せどころになってくるとか。


「スグロク」……ひよこ。第1章でも触れていますが、〝ロクる〟とは死ぬという意味でスグに死んでしまうという意味が由来。といっても、最近はあまり見かけなくなりましたね。

よく、「テキ屋が業者から弱って安いひよこを二束三文で買い叩いて売っている」なんてことをいう方もいますが、とんでもありません。祭りで買ってからすぐに亡くなってしまうのは金魚同様に生まれてから売られるまでに、さまざまなストレスを与えられたことが原因でしょう。

生き物を扱う商売は細心の注意が必要ですし、個人的には労力を考えると割に合わないと思います。ですから、最近では動物愛護を理由に生き物を扱うテキ屋が減っていますが、利益を考えた結果ということも本音だと思います。

ちなみに、ひよこの場合、もう一つネックなことがあります。それは成長するとにわとりになり、そうなるとひよことしては売り物になりません。その場合、購入した養鶏所に引き取ってもらい、にわとりまでに育てて食肉用に卸すとか。この話の真相は分かりませんが、私はおそらく都市伝説的なものかと思います。


商売の呼び名について書きましたが、あくまでこれらは私の周囲の話であり、地域や組織によって呼び方は異なりますので御了承ください。

たとえば、大判焼きは今川焼とも呼ぶことから〝イマガワ〟と呼ばれることもあるそうですが、私の周囲では単に〝まんじゅう〟と呼んでいました。

また、鈴カステラは御存知でしょうか？　地域によっては〝ベビーカステラ〟とも言いますが、四国地方の一部地域では〝東京ケーキ〟と呼ぶこともあります。

そんな地域色の違いを感じながら、いろいろな地方の屋台を巡ることもテキ屋の楽しみ方の一つなのかもしれませんね。

テキ屋は流行に敏感であれ

本書でここまで紹介してきた〝ネタ〟は、私が現役だった頃のものです。

最近ではその顔ぶれはガラリと変わって、新しい屋台も登場しているようです。

たとえば、電球ソーダ（電球のような形の容器に入ったソーダ水）やホットク、トッポギといった韓国系のもの、また、シャンピンや小籠包といった中華系の食べ物もポピュラーになりつつありますよね。

これらのネタが登場した理由はいくつかありますが、一番はやはり〝売れるから〟でしょう。昨今のK-POPブームなどの影響で、若者を中心に韓国料理が人気です。テキ屋は世の流行を追いかけるところもありますので、世の中にインドブームがきたら、サモサやドーサの屋台が並ぶことでしょう。

テキ屋稼業は、世の流行次第で食いっぱぐれもするし、大きく当たりもします。そのため、テキ屋稼業に携わるものは流行に敏感です。それこそ、50歳くらいのオジサンがそこら辺のギャル顔負けの情報も持っている、なんてことも珍しくありません。

私が高校1年生の頃、中野さんというテキ屋仲間のオジサンから相談を受けました。中野さんは〝合わせ〟つまり、くじ引きの屋台をしている当時50歳過ぎの男性。その頃はよく祭りで隣同士になったので、親しくしていました。

「杏子ちゃんにお願いがあるんだけどよ……」

中野さんが真剣な表情で切り出してきました。

何事かと思って話を聞けば「ティーン向けのファッション誌を買ってきてくれないか？」という依頼でした。聞けば〝合わせ〟は、いかに若い子の興味を引く商品をそろえられるかが勝負なので、流行を知りたいとのことです。

「今までは20歳の娘に頼んで買ってきてもらっていたけど、就職で遠くに行っちまってな。だからといって、さすがに50過ぎのオッサンがそういう雑誌を買うのは恥ずかしくてよぉ……」

そんなことならお安い御用と、喜んで買いに行ったものでした。

今でこそネットで調べればいろいろな情報を得ることができますし、ちょっと買いにくいものでも通販サイトで容易に入手できます。しかし、約40年前は、このような感じで情報収集をして自分の商売を高めていたテキ屋が実に多かったものです。

テキ屋の屋台は不衛生？

もちろん、最近のテキ屋も研究熱心であることに変わりはありません。

最近の屋台を見ると、食品を扱う店は盛り付け方を、〝合わせ〟や〝チャモ〟を扱う屋台は品物の並べ方などに気を遣うところが増えているように思います。SNSに投稿されたときの写真映えを念頭に置いているのでしょう。

私はそちら方面の知識は原始人並みなのでからっきし分かりませんが、今のテキ屋はSNSを宣伝ツールだと捉えて商売をしているようですね。

たとえば若い人が「あんず飴、かわいい♪」といった投稿をしたとします。それを見たSNSでつながっている人が「どこで買ったの？」と返せば、投稿者は「祭りの屋台。鳥居を出て3個目くらいの場所にある」と答えてくれる。これはもう立派な宣伝になりますよね。昔でいうところの口コミと同じです。現在では写真映えするネタを工夫して提供することが売上の増加に直結するようです。

しかし、私自身SNSは良いことと同じくらい、悪いことも多いように思います。

たとえば、ある祭りでのこと。屋台のちょっとした汚れをクローズアップされて、「あそこの屋台は不潔」と拡散されてしまった知り合いのテキ屋がいます。そのSNSが瞬く間に広まって、その祭りの間、商売があがったりだったそうです。

屋台は不衛生だ、というイメージは少なからずあるのではないか、と思います。

私が商売をしていたときも、子どもがあんず飴を欲しがっているのに「屋台の食べ物は不潔だからダメ！」とたしなめる親御さんが大勢いました。屋台イコール不潔というイメージは大昔からあったでしょう。

なぜ、そう思うのでしょうか。実は以前、友人から「屋台の水回りって、ちゃんとしてないよね？」といわれたことがあります。

たとえば、洗い物はどうするのか。それ以前に手指の衛生面は大丈夫なのか。たしかに、そこは気になるところでしょう。私自身も商売を手伝い始めた頃は「手洗いやあんず飴を作る道具（といってても水飴をすくうヘラ程度ですが……）はどこで洗うんだろう？」と思ったものです。結論をいえば、ポリタンクなどで水を充分に確保して商売をしていました。足りなくなったら公園や庭主に指定された場所まで水を汲みに行く、その繰り返しです。

さらにアルコール消毒です。我が家ではコロナ禍のずっと前、私が子どもの頃から徹底されていました。意外でしょうか。その根底には「庭主や親方に迷惑をかけられない！」という気持ち、つまり、食中毒を絶対に出してはならないという掟めいた考えがあるからです。

そして、これを書くと意外がられるかもしれませんが、食品を扱うテキ屋は管轄の保健所に申請を出しています。少なくともウチや親方のところはそうでした。ようは街中の飲食店と同じですね。そうでないと商売をさせてくれない庭主もいますし、最近ではそうした点はさらに厳しくなっているといいます。ちなみにプロパンガスを使う屋台は消防署の許可が必要ですし、消火器を常備しておかなくてはなりません。

洗浄用の水はしっかりと確保したうえで、しっかりと除菌をして商売をしている。テキ屋の屋台は決して不衛生ではないと、ご理解いただけたでしょうか。

テキ屋の屋台はいくらする？

屋台周りのことを書いたので、続いては屋台そのものについても触れましょう。

テキ屋というと、まず頭に浮かぶのが祭りや縁日で軒を並べる屋台だと思います。色鮮やかなテント、がっちりとした支柱、各々が扱うネタに合わせて使いやすくなるようにカスタマイズされています。屋台はテキ屋にとっての城とでも言うべき存在ですね。

さて、その屋台ですが、いったいいくらぐらいするのでしょうか。

実は、残念ながら私はその正確な金額を知りません。

小学5年生から手伝い始め、約40年近くテキ屋をしてきた私ですが、その間に屋台を購入したことがないため、正確な金額が分からないんです。ウチの場合は、父が一本になったときに作った屋台を我が家が商売から撤退するまでの半世紀、ずっと使っていました。

生前、父に聞いた話では、当時、栃木県の小山市に腕利きの屋台職人さんがいて、多くのテキ屋はそこに発注していたといいます。母いわく「当時の値段で一式十数万円……二十万円はいかなかったと思う」だったそうです。

テキ屋の屋台は、見かけ以上に非常に頑丈にできています。

ここで屋台の構造を説明しましょう。

屋台は組み立て式になっていて、土台を構成する板があって、それを囲うように柱を組み立てていきます。屋台骨という言葉がありますが、この柱がまさにそう。数本の柱で屋台を支える、屋台の要になってきます。ここに天幕と呼ばれるシートを張って屋根を作り、商品名が書かれた暖簾を付けて完成です。

私が商売を手伝い始めた小学生の頃は母が組み立ててくれましたが、中学生の半ばになると自分の屋台は私一人で組み立てるようになりました。強風の場合は体力的にしんどいものがありましたが、それでも周囲のテキ屋仲間が互いに手伝い、協力して組み立てたものです。慣れると30分弱で完成させることができました。

ただし、これは自分の屋台に限ってです。年月が経つにつれて柱は鉄パイプを使っている箇所もあるので歪んだりします。そういった箇所をはめ込むにはクセというか、ちょっとしたコツがあるので、他人の屋台となると勝手が違ってきます。そのため、あくまでも自分の屋台は自分で建てる……ということが基本であります。

我が家の屋台は、柱がとくに頑丈にこさえてあったので、多少の歪みが生じはしたものの、少しの補修だけで問題なく使えました。ですから、半世紀近くの間、買い替える必要がなかったのです。逆に土台を支える板はいわゆるベニヤのようなものでしたから、何年か使っていると腐食も出てくるため、何度も買い替えました。ベニヤはホームセンターで調達できるので、大した金額ではありません。しかも自分で交換できますから（と、いっても私は弟に頼んでいましたが……）、約半世紀に渡るランニングコストは思った以上に少ないかもしれません。この維持費の少なさというのも、屋台の利点のひとつだといえます。

テキ屋は儲かるのか？

ランニングコストや維持費の話が出たところで、〝テキ屋の儲け〟について書いてみましょうか。他人の稼ぎは誰しも気になるもの。とくにテキ屋のような特殊な業態だと興味関心もひとしおだと思います。

私の父が独立に際して、わたあめとあんず飴の商売を選んだのは、前述の通り、元手が少なくて済むからでした。当時、私はあんず飴を1本100円で販売していました（その後、200円になり、2023年からはついに300円で売り出すところも出てきました）。儲けを出すためには、原材料費は価格の1割程度か、それ以下にしたいものです。そのほか、商売の場所への交通費、そして庭主（主催者）へのショバ代（場所の利用料金）なども考慮しなくてはいけません。

実は、この経費こそが、父が一本になった際、わたあめとあんず飴の2つの商売を〝同時に〟始めた理由でした。

「あんず飴1本を売ってナンボ」という商売の仕方は悪くはありませんが、1本100円という安さですから、それだけだけではなかなか利益を出すことはできません。2つの商売を同時に行い、全体の売上があって、そこから原材料費や交通費などの諸経費を引いたうえで、「どのくらい残るか？」という考え方をしないと、家族5人が暮らしていくだけの儲けは出せないわけです。

儲けは、祭りの規模も関係してきます。1日の開催で50万円の売上が見込める祭りと、3日間にわたって開催されてトータルの売上見込みが75万円というお祭りなら、考え方は変わってきます。後者は前者よりも金額としては1・5倍稼ぐことができますが、3日かけてのもの。金額そのものは少なくても利幅は1日だけの前者の方が大きいのです。このような点をどう判断するかは、センスが要求されるところです。

父の場合、1日の開催でお呼ばれし、義理で断れない場合は、あんず飴よりも利益が大きいわたあめだけで商売をすることも少なくありませんでした。

いまから約30年前、それまで1本100円だったあんず飴を、止むに止まれぬ事情から1本200円に値上げしました。この値上げで利幅は大きく増えましたが、高くなったことでお客さんが離れてしまうおそれもありました。

そのときに設置したのが、〝ルーレットマシン〟です。電動式の機械で1、2、3、5、10の数字が振ってあり、購入時にお客さんに押してもらって止まった数字の分だけあんず飴をもらえるというものです。このルーレットはけっこう受けが良く、売上を落とさずに済みました。

では、私の商売であるスイネキは、どのくらいの売上があったのでしょうか。

祭りの規模によって変わりますが、平たく言うと、だいたい1日あたり3〜5万円というところ。規模の大きな初詣などになると、10万円単位の売上が見込めました。

よそ様の商売については分かりませんが、聞くところによると、ある程度の規模の祭りなら1パック500円の焼きそばが300パック以上は売れるのだとか。たこ焼きやお好み焼きといったネタも、だいたい同じくらいの売上があるそうです。

ひとつ言えるのは催し物次第で、売れ行きは変わるということでしょうか。

たとえば、花見や花火大会などでは座って食べることができるので、焼きそばやお好み焼きなど、お箸を使って食べるものがよく売れます。逆に初詣など人が流れていく場では食べ歩きできる、あんず飴やわたあめが多く出るものです。

縁日や祭りを仕切る庭主とは？

テキ屋は屋台だけでは商売はできません。

商売をするには、〝ショバ〟、つまり場所が不可欠です。

このショバを仕切っているのが、庭主と呼ばれている立場の人です。

庭主はすべてを仕切るので、たとえば神社などの祭りでしたら、参道のどこに何の店を置くということも決めます。

ですから、私たちは会場に着くと真っ先に庭主へ挨拶を行い、自分のネタを教え、「スイネキだったら門から三つ目の場所で商売して」という指示を受けて、そこで店を開くのです。

ちなみに祭りが大きくなると、いろいろなテキ屋組織が入り交じり、さらにそこに父のような一本のテキ屋が何人も出入りします。それを仕切るのですから、庭主の権限の強さがイメージできるのではないでしょうか。庭主自身もそれを分かっているので、あえていくつもの組織や多くの一本のテキ屋を呼んで、自分の顔の広さを誇示するのです。

実力のある庭主の元では、安心して商売することができます。多くのテキ屋組織が入り交じっていると聞くと面倒が起きそうに思われるかもしれませんが、私はその方が安心できるので好きでした。

ちなみに「そんなにいろいろな組織が入り交じっていて、組織同士のトラブルはないのか？」と思われるかもしれません。

私も40年近くテキ屋の世界に身を置いてきましたが、テキ屋同士のトラブルはほとんど見かけたことがないですね。

祭りや縁日で問題を起こせば、次から呼んでもらえなくなります。また、騒ぎを起こせば、当然、庭主の顔に泥を塗ることにもなるでしょう。だから、現場でトラブルを起こさないというのは、テキ屋の鉄則なのです。

もちろん、「あっちよりも多く売ってやろう」というライバル心はあります。しかし、嫌がらせなどは一切なく、むしろ組織の枠を超えて助け合うことの方が多かったように思います。

たとえば、私の場合、若くして手伝うようになったので、ときにはナメてかかってくるお客さんもいるわけです。

「子どもがそんなに大金もってどうすんだよ。もっとオマケしろよ」

酔っぱらって絡んでくる男性のお客さんがいました。

そういうとき、私は「しょうもない大人だな〜」と心を無にしてやり過ごすことにしていたのですが、その日のお客さんはとくにしつこかったんですね。あまりにしつこいので、私もしまいには泣き顔になってしまいました。

「おい、その辺にしておいたらどうだ」

低くて、迫力のある声です。

2軒隣りで商売をしていた、初めて見るテキ屋さんが助けに入ってくれたのです。

彼は当時二十代半ばでしょうか。ちょっといかつい感じだったので、お客さんも酔いが一気にさめたようでどこかに慌てて行ってしまいました。

「大丈夫だったかい？　組が違っても困った時はお互い様だから……」

彼はそう言うと、すぐに自分の商売に戻っていきました。

その後、母と一緒に改めてお礼に伺ったのですが、「いや、庭主に迷惑をかけたくなかっただけだよ」と一言。トラブルを防ぐために、組織が違っても手を貸すのは当たり前だというんですね。

その素っ気ない態度が何ともかっこよくて……。私、完全に恋をしてしまいました。でも、その方にお会いできたのは、その祭りが最後。それっきり、二度と出会うことはなく、私の恋も一瞬で終わりを告げたのでした。

私の恋の話はさておき、庭主の話に戻しましょう。

この庭主には、それぞれ縄張りがあります。その縄張りの中でテキ屋が勝手に商売をすることは御法度であり、まずは面通しが必要になります。組織の場合は親方が庭主と話し合うようですが、一本の場合は個人的にお伺いを立てなくてはなりません。

そのとき、父のように在籍していた組織の親方を通じてお伺いを立てることもあります。父の場合は一本になる旨を親方に伝えたところ、「それじゃあ各庭主さんに義理を通さないとな」と言われ、一緒にあいさつ回りをしてくださったそうです。

「うちの高里がこのたび一本になります。我が家同様、どうぞ宜しくお願いします」

そういった感じで親方が庭主さんにお願いすると、多くが「親方に丁寧に挨拶されたからには畏まりました」となります。そして、その庭主と兄弟分の別の庭主にも「高里が一本になった」と伝わり、商売ができるショバが広がっていくというわけです。このとき、父は改めて「テキ屋は顔をつなぐことが大切」と痛感したそうです。

このような面通し（挨拶）を終えると、祭りがある時にそれぞれの庭主から連絡がくるようになります。そうしたら、祭りの開催日に訪ねていく……というのが商売の流れになります。

テキ屋は寅さんのように旅暮らし？

このように書くと「テキ屋さんは全国津々浦々回れていいですね」なんてことを言われることがあります。

これもとんでもない話で、それぞれの庭主さんのショバで商売をさせていただいても、基本的には前述のように庭主さんは顔見知りばかり。商売をすることができる地域は限られてくるのが実情です。

具体的には、隣接した県には商売に生きますが、それ以上離れると、知らない庭主の縄張りだったりするので、そんなに遠くへは行けません。

また、ある程度のキャリアになると庭主から定期的に誘いがかかるため、正月はA寺の初詣、4月はB市の花見、5月はC神社の祭り、8月はD市の盆踊り……といった感じで、1年のスケジュールがなんとなく決まってしまいます。

テキ屋の商売は実はルーティーン化されているので、

「東北は桜が見ごろだそうだ。ちょっくら行って、商売してくるか」

そんな感じで急にふらっと出かけて商売をする、なんてことはできないわけです。

これはきっと私だけでなく、ほかの多くのテキ屋にも共通することだと思います。

それでも自由気ままに旅しているというイメージがあるのは、おそらく国民的映画『男はつらいよ』シリーズの影響ではないかと思います。

ご存知の通り、『男はつらいよ』は露天商の寅さんの物語。全国津々浦々を商売して歩きながら、その土地土地で恋をしては騒動をまき起こすという国民的な映画です。

主人公の寅さんは日本各地で商売をしていますが、現実にそれができるかというと……たぶん、かなり難しいでしょう。新しい土地で商売をするには、まずその土地の庭主に〝アイツキ〟（面通しのこと。〝付き合い〟が転じてこう呼ぶようになったそうです）をしなければなりません。ですが、基本的にどこの馬の骨とも分からない者と気軽に会うことはしないでしょう。仮に運よくアイツキできたとしても、商売の許可がもらえるかどうかは分かりません。とくにネタが被っているようだと、許可は下りないと思います。

そうしたことから、テキ屋仲間の中には、「寅さんはテキ屋じゃない」と指摘する者もいます。寅さんはカバンひとつにすべてを詰め込み、商いをする露天商のような存在と考えた方が良さそうです。

テキ屋はヤクザなのか？

ただ、そうはいってもテキ屋の中でも『男はつらいよ』は高く評価されています。映画ではテキ屋の世界の義理人情をしっかりと描いている一方で、テキ屋の〝暗い部分〟にはあまり触れていないこともあるかもしれません。

テキ屋の〝暗い部分〟、すなわち「テキ屋はヤクザなのか？」という問題は、やはり本書でも避けて通ることはできないでしょう。

第1章でも触れていますが、私は子どもの頃、同級生から「お前の父ちゃんはヤクザなんだろ?」などとからかわれたことが何度もあります。「父ちゃんはヤクザなの?」と父に直接聞いたこともあります。

その問題については、私も長年疑問に思っていました。でも、父や周りのテキ屋衆は「そこには触れてくれるな」という感じで、聞いてもうやむやにされてきました。

インターネットで調べると、〝指定暴力団〟なる言葉が出てきます。

指定暴力団とは、都道府県の公安委員会が暴力団対策法にもとづいて指定する、反社会的な集団を指します。指定されるには「その暴力団員が集団的に又は常習的に暴力的不法行為等を行うことを助長するおそれが大きい暴力団」である必要があるそうです。いわゆる一般的にイメージする暴力団の姿ですね。

一方で、ネットで調べると〝的屋系暴力団〟という言葉も出てきます。

ですが、どうでしょうか。

読者のみなさんは、焼きそばを焼きながら、お客さんに暴力を振るうテキ屋をご覧になったことがありますか?「買わないとシメるぞ!」と威嚇しながら、イカ焼きを売るテキ屋に出会ったことはありますか？　私たちテキ屋は、物を売るのが商売です。当たり前ですが、お客さんに暴力を振るったり、威嚇をしたりしたら物を売ることなんてできません。

このように答えると「直接的ではなくても、間接的に暴力団が関わっているんだろ？」という言葉が返ってきたこともあります。

これはあくまで私が見てきた範囲のことですが、縁日などを行う際は、当然のことながらいろいろなところにお伺いを立てなくてはなりません。

お伺いを立てるところには、そのエリアで〝ケツモチ〟という役割を担っている人たちも含まれます。ケツモチとは、いわゆる用心棒のこと。街の飲食店などでトラブルが起きたとき、それらを解決する人たちです。

ケツモチは地域の顔役を兼ねることもあるため、縁日などを主催する庭主とつながりがある場合もあります。そういう意味では、「間接的に暴力団が関わっている」という指摘もあながち的外れではない……のかもしれません。

しかし、テキ屋に関わっているのは、庭主だけではないんです。

たとえば、縁日というのは神社やお寺の境内で行われます。当然、庭主のことを何も知らず、縁日を開催させるということはないでしょう。〝関わり〟という言葉で一緒くたに括るのであれば、神事を司る神社やお寺もテキ屋と同罪になる。そう考えることはできませんか。

また、祭りや縁日で公道に屋台を広げて商売をする際は、道路使用許可が必要になります。テキ屋は商売をするときに庭主にショバ代を払います。ショバ代には、それらの許可証などの交渉を代行する手数料という意味合いも含まれています。ショバ代というと、テキ屋が一方的に庭主と関わりのある暴力団にミカジメを払っていると思われがちですが、ショバ代は許可の取得に必要な経費であったり、電気代などの商売に必要なインフラの使用料金なのです。

では、その道路使用許可の申請はどこにするかご存知ですか。

そう、その地域を管轄する警察です。

警察が許可をしなければ、公道で商売をすることができません。実際、警察が許可をしなかったため、縁日が中止になった事例をいくつか知っています。逆にいえば、いまなお多くの縁日や祭りが公道で行われているということは、警察の許可が出ているということです。それは、〝暴力団と関係があるかもしれない〟テキ屋の活動を、警察が認めているということになりませんか。

まあ、その辺りの大人の事情はさておき……。

テキ屋の中には、元ヤクザという経歴を持つ人たちもいます。私の周りにも、何人かそういう人がいました。

しかし、彼らはみな、元いた組織をしっかり抜けてテキ屋業界に入ってきていました。暴力団対策法や暴力団排除条例などにより、近年の暴力団に対する締め付けは非常に厳しくなっています。警察は組織から離脱するように勧めていますが、実際のところ、辞めた後のケアはほとんどなされていないともいわれています。

元ヤクザも当然ですが、食べていかなければなりません。しかし、働きたくてもその働き口がないのが実情なのです。

私の周りでは、そうした人たちが働く場所を求めて、テキ屋に流れてくるケースが多かったように思います。

組織を円満に抜けた場合などは、「彼はいま組とは関係ありません。昔のよしみで面倒をみてやってください」などと挨拶を添えて入ってくることがありました。そうした挨拶があるのは、ヤクザとしても「テキ屋はテキ屋、ヤクザ稼業とは違うもの」

ということが分かっているからでしょう。

テキ屋に対する世間のイメージについては、他にも色々と言いたいことがありますが、私自身はすべてをキッチリする必要はないのではないかと思っています。むしろ明確にすることでその場を追われることもあるのですから、曖昧にしておいた方がいいのかもしれません。

「曖昧」の「曖」という字には、「はっきりしない」といった意味があるそうです。

私は曖昧という状態もまた、ひとつの〝味〟ではないかと思うのです。

テキ屋はテキ屋、それ以上でもそれ以下の存在でもない。

あれこれと背後に想像を巡らせるのも結構ですが、一番はお祭りや縁日を心から楽しむことではないでしょうか。どうぞ、皆さまもお祭りに出かけて、各種さまざまなテキ屋の屋台を楽しんでいただければと思います。

【第四章】今日も商売、明日も商売

中卒でテキ屋か、それとも進学か？

小学5年生で稼業の手伝いをするようになって、早くも5年が経ちました。

おかげ様で仕事は順調。多くの祭りや縁日を経験したことで、仕事のコツもつかめてきて、テキ屋という仕事がだんだん楽しくなってきました。

そんな時にやってきたのが、進路相談です。

高校に行くのか、それともこのままフルタイムのテキ屋になるのか。

私は高校に進学するつもりは一切なかったので、中卒でテキ屋を継ぐのもいいかな、と考えていました。周囲にはそういう子もたくさんいましたからね。

でも、それ以上に単純に「できないことをするのが、イヤ」だったのです。

テキ屋に関してはそれなりに働いていたので、仕事が〝できることへの自信〟がありました。しかし、勉強はダメだったんです。〝できないことの失望感〟がすごくて、これ以上、勉強なんてやりたくないと思ってしまったんです。

それにフルタイムで働ければ、母を助けることもできます。

母も私の選択を喜んでくれると思っていたのですが……。

「高校には絶対に行きなさい！」

私の思いは、その一言で切り捨てられてしまいました。

この母の態度は、正直、納得できなかったですね。どうして私の気持ちを分かってくれないの、と反抗的な態度もとってしまいました。

「先々のことを考えたら、高校は出ておいた方がいい」

母はそう言っていましたが、それ以上に父のことが頭にあったようです。

服役して5年、父はもうじき出所することになっていました。

「父ちゃんが出所したら、杏子は自由にしてあげたい」

そういう親心もあったのです。

私自身は、そんな母の思いを一切理解していなかったので、しぶしぶ高校を受験することにしましたが、正直、勉強はまったくといっていいほどやりませんでした。

それでも、なんとか高校に受かることができました。

高校は自宅から電車で30分ほどいったところにある県立高校です。レベル的には中の下といったところで、昭和の時代だったということもあるでしょうが、短ランや長ランなどの変形学生服を着た男子生徒がチラホラいました。卒業後は進学するよりも、就職する生徒の方が多い。そんな学校でした。

スケバンからの呼び出し

そんな感じで、私はその県立学校に通うことになるのですが、最初のうちはとにかく目立たないようにしていました。『ビーバップ・ハイ・スクール』に出てくるような同級生が怖かった、というわけではありません。目立つことで、自分の家族の問題、とくに家業と父のことが周囲に知られるのが恐ろしかったのです。

私の家がテキ屋であること、そして父が服役していることが知られたら、同級生はどういう反応をするのだろうか。小中学校ではそのことでイヤな思いをした経験があったので、必要以上に敏感になっていたんです。

でも、ほどなくして私の家のことがクラスメイトの知るところになります。

同じ中学校から進学していた一部の生徒が、「高里の家はテキ屋で、親はヤクザだ」と吹聴したからです。それが噂になって、私の耳に入ってくるまで、そう時間はかかりませんでした。

　また悲しい思いをすることになるのだろうか。

　私は絶望的な気分になりましたが、私の家のことを知っても同級生の態度はまったく変わりませんでした。もう高校生ですので、親は親、子どもは子どもと割り切って接してくれたんですね。

　たとえば、高校に入って初めての連休であるゴールデンウィーク前、クラスメイトから遊びに誘われました。ゴールデンウィークは毎日どこかで催し物が開かれていますので、テキ屋にとっては書き入れ時です。そのときもある神社のお祭りで商売が決まっていました。

「ごめん、私、親の仕事を手伝っていて……」

「そうか、杏子は屋台の仕事を手伝っていたんだったね。全然いいよ、また今度、時間のある時に遊ぼう！」

　そんな感じで受け入れてくれたのです。

　友人たちは私がヤクザの娘だという噂を聞いても、まったく気にしませんでした。

　そういう友人たちの存在には、本当に助けられましたね。

ただ、高校に入学したばかりのとき、一度だけドキッとしたことがありました。

新入生にテキ屋の娘がいることを聞きつけて、上級生が教室までやってきたのです。

「高里杏子って子、いる？」

ある日の休み時間、そう言って3年生の女子生徒が訪ねてきました。髪の毛の色を少し抜いた、お世辞にも優等生とはいえないタイプの人でした。いまでこそ髪を脱色したり、染めている高校生は珍しくないですが、当時は脱色といえば不良のシンボルのようなもの。そんな先輩が教室に呼び出しにきたのです。

「やばい、シメられるかも」

恐怖で身体が固くなりました。

「ついてきて」

連れていかれたのは、体育館に隣接した部室棟の一室です。

中に入ると、7、8人の、全身から不良の雰囲気を漂わせた生徒がいました。直前まで吸っていたのか、室内にはタバコの臭いが充満しています。

あとで知ったのですが、この部室はいわくつきで、もともとはある運動部のものだったのですが、新聞沙汰になるほどの大事件を起こして部は解散。空いた部室を彼らが占拠して溜まり場にしていたそうです。

あまりの光景に私が入口に立って茫然としていると、リーダーと思しきリーゼント頭の男子生徒がイスから立ち上がり、カッカッと近づいてきました。手には何かを持っています。

さて、それから私は何をされたのか……。

ここでボコボコにリンチされていたら、ドラマみたいで本書も面白くなるというものですが、実際は全然違いました。

「これ、一緒に食べない？」

リーダーははにかみながら、手に持ったスナック菓子を差し出してきたのです。警戒していた分、拍子抜けしてヘナヘナとその場に崩れ落ちそうになりました。

彼らはとにかくフレンドリーで、「仲間にならないか」と誘ってくれました。私は別に不良ではないし、なりたくもないので勧誘されても戸惑うばかりです。聞けば、私の噂を耳にしたそうで、私を誘ったのは「ヤクザの娘が仲間にいたら、何かあったときに守ってもらえるかもしれないし」ということでした。なんという短絡的な考え方……。

私は誤解を解くために、父はヤクザではなくテキ屋であること、事情があって近くにいないので何かあっても頼りにはならないと伝えて、誘いを丁寧に断りました。

リーダーは腕を組みながら、難しい顔で話を聞くとこう言いました。

「すげえ、杏子って〝ホンモノ〟じゃん！」

いったいどこが〝ホンモノ〟なのか。膝を突き合わせて理由を聞きたかったですが、勝手に納得してくれたので、結果オーライです。

その後は、彼らとはつかず離れずといった感じで、校内で会えば挨拶くらいはする、そんな関係になりました。

その後、私に関する噂は、時間の経過とともに力を失っていきました。その裏には、「高里は不良グループと仲が良い。イジメたら、何をされるか分からない」という〝誤解〟もあったのかもしれません。だとすれば、リーダーには感謝ですね。

テキ屋のお給料はどれくらい？

高校に入学した後も、私は休みの度に母の商売を手伝っていました。

授業に、友だち付き合いに、と高校生活は思いのほか忙しかったですが、商売に夢中になって取り組みました。

夢中になった理由は、お金。それしかありません。

屋台を手伝うことで、私は母から日当をもらっていました。

小学生のときの日当は、前述したように1日につき2000円でした。母はそれ以外に1回につき3000円をこっそり積み立ててくれていて、それが成人式の着物代になりました。

中学生になると、日当は1日5000円になり、全額が私のものになりました。その条件でないと手伝わない、と言い張った結果です。それらのお金は貯金など一切せず、洋服やマンガ本、買い食いなどに消えていきました。

そして高校生になるときにふと考えたのです。

「売上の2割をもらえたら、もっと稼げるのではないか」、と。

当時、あんず飴は1本100円で売っていましたが、バブル期にさしかかり世間の景気が良かったこともあってか、売れに売れていたのです。中規模な祭りでも1日に500本は売っていました。売上5万円の2割は1万円。いまの倍の日当がもらえる計算になります。

母にこの案を持ちかけたところ、「やれるものだったら、やってみなさい」と意外にもすんなり認めてくれました。

ずいぶんアッサリ許してくれたので不思議に思っていましたが、母は「祭りは大きなものもあれば、小さいものもあって商売は水物。だから毎回、杏子の思うように売れるはずもないし、それを知る良い機会だと思った」と考えていたそうです。いわゆる親心というやつでしょう。母としてはそんなに売れるはずがない、と思っていたそうです。

しかし、時はバブル到来。消費天国とでもいうべき時代になり、屋台のあんず飴さえも飛ぶように売れたのです。あんず飴を作っても作っても足りないほどで、出せば売れる、そんな状況でした。商売開始3時間で目標の500本に到達。そんなことも珍しくありませんでした。

そうなると気持ちに火が付いて、さらに商売をするのが楽しくなってきます。いかに売上を伸ばしていくか。私なりに考えて戦略を練りました。

たとえば、同世代の女の子が屋台の前を通ったら積極的に話しかけてみました。そうやって共通の話題を見つけるのです。その子が流行のファッションアイテムを身に着けていたら、「それ、いいよね〜！　どこで買ったの？」などと褒めてみたり、とにかくフランクに声をかけるのです。相手が会話に乗ってきたらこっちのもの。「私もそのピアス、欲しいんだよね。だから稼がなきゃならなくて」と迫り、最後はスマイルで「だから買ってってよ、1本でいいからさ」と畳み込みます。するとノリの良い子なら1本100円という気安さから「じゃあ、3本買っちゃおうかな！」といった展開になるのです。

また、小さいお子さんだったら、目線を同じ高さにして「いかがですか？」と話しかけます。とくに女の子はすももの赤い色やあんずのオレンジ色を好みますからね。けっこう欲しがってくれるのです。その際、おじいちゃん、おばあちゃんに手を引かれている子どもだったら、十中八九買ってもらえます。おじいちゃん、おばあちゃんは孫には甘いですからね。おねだりされると、財布のヒモがすんなり緩むのです。

このような感じで、自分で考えながら売ると結果もついてきたので、商売をするのが楽しくなっていきました。

盆踊りや夏祭り、納涼イベント……夏になるとイベントが続きましたが、どの商売でも大盛況で、遊ぶヒマもなく夏休みが終わった頃には数十万円の貯金ができていました。

1日の稼ぎの最高記録を出したのも、高校1年生の頃でした。

冬休みに入ったある日、「明日、行ける？」という感じで急に商売に誘われたのです。あるお寺の初詣のお客さん相手の縁日で、母がお世話になっている人からの依頼でした。母はその日は別の場所で商売をすることが決まっていたので、急遽、私がひとりで行ってそのお寺で商売をすることになったのです。

その日は、友だちと遊ぶ予定が入っていたので、最初は断りました。しかし、母も「私の顔を潰さないで！」と引きません。最終的には「その日の売上は全部、杏子にあげるから」と言われたので、引き受けることにしたのです。

縁日が始まる数時間前、母と2人で現場に入ります。お寺は想像していたよりもずっと大きく、テキ屋もたくさん集まってきていて、かなり大規模な縁日になりそうでした。

母は屋台を設営し終わると、すぐに自分の商売に出かけていきました。思えば、母がいない1人での商売は初めてです。緊張しましたが、見知ったテキ屋衆もたくさんいます。

「杏子ちゃん、今日は一人かい？　何かあったら何でも言ってきな！」

そうやって声をかけてくれるので、安心して商売に励むことができました。

その結果……。

バブル時代の初詣ですから、お酒の酔いも手伝ってお客さんも気が大きくなっていたのでしょう。売っているコチラが言うのもアレですが「どうやって食べるんだ？」と思うような20本一気買いなど、豪快な複数本買いが次々に飛び出します。聞けば、当時の神社仏閣の賽銭箱には何十枚もの1万円札が投げ込まれていたとか。今のご時世では考えられないのが、バブル。私のあんず飴も息つくヒマがないほど売れに売れ、夜7時に母が迎えにきたときは材料のすももが品切れになっていました。

この日の売上は、２０００本超。

私の懐には、20万円という大金が入ってきたのでした。

後にあんず飴を２００円に値上げしたので、金額だけ見ればこの日を超えたことはあります。しかし、ひとりで２０００本以上を裁いたのはこの日が最初で最後でした。

私は想像以上の成果に有頂天になりましたが、そこで釘を刺したのが母でした。

「あんた、最近、金銭感覚がおかしくなっているんじゃない。将来のために、ちゃんと貯金をしておきなよ」

高校生になり、それまで以上に稼げるようになった私は、お金に飽かせて夜遊びをするようになっていました。学校の授業が終わると、友だちを誘って繁華街に直行し、豪遊していました。終電で帰ればいい方で、始発まで遊んで朝6時に帰宅。そのままシャワーを浴びて学校へ……という日もありました。当時はそれが異常だとは思えなかったんですね。

母はそうした私の生活を注意したのでした。

しかし、それで私の浪費癖が収まったかというと、そうではなく……。

いまとなっては、その言葉を真摯に受け止めておくべきだったと後悔しています。

商売したければ勉強しなさい！

テキ屋の商売は土日、祝日に集中します。

私が高校生の頃は、まだ土曜日にも授業をやっていました。

しかし、私はとにかく稼ぎたいので、土曜日は朝から商売に出ていました。

高校は義務教育ではないので、単位を落とすと進級ができません。商売に精を出し過ぎた結果、1学期にして進級に黄色信号が灯ってしまったのです。

「ダブったら（留年したら）、金輪際、商売をさせないからね」

母は怖い顔で凄みましたが、これ以上、学校を休んだら本当に留年してしまいます。

そのため2学期になると、授業がある土曜日の午前中は、弟が屋台に立つことになりました。

弟は当時11歳。母は「姉ちゃんだって11歳から手伝っているんだから、アンタにもできる」と言い聞かせ、テキ屋デビューさせたのです。

それから弟と私の2人体制の土曜日が始まりました。

弟は朝から屋台に直行。私は学校に行き、授業が終わると制服のまま現場に向かい、弟とバトンタッチします。そのおかげで出席日数の問題はなんとかクリアし、無事に3年で高校を卒業することができました。

「姉ちゃんが高校を卒業できたのは、俺のおかげだからな」

弟はいまでも時折そんなことを言ってきます。11歳で屋台に立つ苦労はよく分かります。

姉ちゃんはちゃんと感謝していますよ。

テキ屋に恋愛は向きません

祭りや縁日で商売をしていると、若い時分はよく男性から声をかけられたものです。周りがいかつい男性か、たくましい女性の屋台が多かったので、たんに若くて目立っていただけだとは思いますが、同世代の男性からナンパといいましょうか、そうした類のお誘いを受けるわけです。

そういう意味では、テキ屋もなかなか捨てた商売ではないわけですが、残念なことにテキ屋はまったく恋愛には向きません。

高校生のとき、私にもいっちょ前に彼氏ができました。

相手は同じクラスの、笑顔が爽やかな男の子でした。私は彼氏ができたのが嬉しくて、稼ぎを惜しみなく注ぎ込みました。放課後のデートでファミレスやファストフードに行くと私が払いましたし、彼に喜んでほしくてお揃いのTシャツなどを買ってプレゼントしたりしました。

しかし、夏休みに入った頃に、友だちから衝撃的な事実を知らされます。

「杏子の彼氏が○○ちゃんと一緒に歩いていたよ」というのです。
○○ちゃんというのは隣のクラスの女子で、彼とは同じ中学に通っていました。
「家が近いから、たまたま一緒に歩いていただけでしょ」

私は彼を信頼していたので、心配する友人を鼻で笑っていました。しかし、同じような話が色々な友人から次々と伝えられるのです。そうなると私の性格上、白黒ハッキリさせないと気が済みません。

そこで彼を呼び出し、真意を問い詰めました。

すると彼はこんなことを言ったんです。

「杏子は土、日は仕事していて相手にならん。遊びたい俺の気持ちも分かれよ！」

そうして浮気をあっさり認めると、「○○ちゃんとデートしたいから」と一方的にサヨナラを告げられたのです。もちろんショックでした。このときほど「テキ屋なんてやめて、普通の女子高生に戻りたい！」と思ったことはありません。

その数日後、傷口に塩を塗りこむような出来事がありました。

私がある夏祭りで商売をしていると、彼氏が○○ちゃんを連れて、２人でノコノコとやってきたのです。彼も彼女も私が夏祭りであんず飴を売っていることを知っているはず。彼氏は単なる自慢野郎だったのか、私に見せつけるようにイチャイチャするのです。

このときほど、自分の商売が刃物を使うタイプのものでなくて良かった、と思ったことはありません。

「杏子ちゃん、イライラしてどないした？　何かあったんか？」

となりで焼きそばを焼いていたタケシさんが、心配そうな顔で様子を見にきてくれました。

私が事の顛末を話すと、タケシさんは慰めてくれた後にボソッとつぶやきました。

「親父さん（＝私の父のことです）がここにおらんで良かったな〜。おったら、あの少年、ギッタギタにされてたで……」

テキ屋はみんなが遊んでいるときに働く仕事。

相手の理解がないと、恋愛は難しい。そのことをイヤというほど知らされた出来事でした。

テキ屋業界の恋愛事情

私の恋愛の話が出たところで、自分なりに見てきたテキ屋の恋愛事情について書いてみましょうか。

テキ屋にもさまざまな恋愛事情がありますが、ひとつ言えるのが「テキ屋同士で付き合って結婚することが多い」ということでしょうか。

まず、一般の方とは生活サイクルが違います。

テキ屋は土日に働き、平日に休むサイクル。それに対して一般の方は月曜日から金曜日まで働き、土日に休むのが大多数。一般企業に勤める方とのお付き合いは基本的に難しいのです。

また、テキ屋は出会いも限られます。

たとえば、出会いの場の代名詞に合コンがありますが、テキ屋をしているとなかなか参加できません。土曜日の開催だと仕事があるし、朝早いので金曜日の夜も遠慮したい。そうなると出会いの場に行くこと自体が難しいのです。

そもそも、テキ屋の女性と合コンをしたいという男性はいるのでしょうか？　私の経験上、テキ屋のイメージからして「怖いのでは？」と警戒されることがほとんどではないでしょうか。私自身も大人になって意中の男性から「杏子さんのことは好きだけど、テキ屋さんって怖そうだから……」と交際を断られたことがありますしね。

そうなると、やはりテキ屋同士で付き合うのが好都合。職業のこともお互いによく理解しているので、「なんで土日、休みじゃないの？　遊びたい俺の気持ちも分かれよ！」などと揉めることはありません。

しかし、それはそれで、実は結構な問題があったりもします。

テキ屋同士のカップルの場合、親もまたテキ屋をしている、というケースが多々あります。

そうした場合、親の関係が問題になったりするのです。

たとえば、女性の親が兄貴分で、男性の親が弟分だった場合、いざ結婚するとなると男性の親が尻込みすることがあります。

「いやぁ、兄貴の娘さんがうちの嫁さんになるのか、困ったなぁ」

格を重んじる世界なので、そういう考えもあるんですね。

私の周りでは、幼なじみが交際して結婚する、というケースが多かったように思います。

テキ屋の世界では、子どもの頃から親の仕事についていき、親が働いている間は、子ども同士で遊んでいるといった光景は珍しくありません。そこで仲良くなって、そのまま付き合って結婚という流れです。お互いに子どもの頃からテキ屋の世界に身を置いているので、しきたりや身の置き方はよく理解しています。そうした点もあって、良い夫婦関係を続けられる人が多いようです。

大きな祭りや縁日では、いくつかの組織が集まって商売をします。

テキ屋にとっては格好の出会いの場なわけですが、不思議と別の組織の人とカップルになった事例はあまり見たことがないですね。テキ屋は〝あちらさん〟とは違いますので、別の組織だからといって因縁などはありません。ですから、別に付き合ったって良いと思うのですが、本人が良くても周りが気を遣うのでしょうか。私の周りには違う組織の人と付き合っている人はいませんでした。

さて、私の場合ですが……、テキ屋の男性とお付き合いしたことはありません。仲の良い同世代の友だちはいましたが、恋愛感情が絡んだ関係にはなりませんでした。

私は二十代半ばで結婚していますが、たぶん稀なケースだと思います。私の結婚については、別の項目で書かせていただこうと思います。

父が家に帰ってきた！

商売に恋（？）にと、忙しくしていた高校時代。

我が家にとって、第二のターニングポイントと呼べるような出来事が起こります。

高校2年生のとき、ついに父が出所したのです。

出所の日時が母にどうやって伝えられたのか、私は詳しい話は知りません。

いま思い返してみると、出所の日の3日前くらいから母はソワソワして、いつも以上に機嫌が良く、同居していた祖母も落ち着かない様子でした。

4月の半ば、正確な日付は忘れてしまいましたが、平日だったことは覚えています。

その日の朝、私と弟は母から「今日は学校を休んで」と告げられたからです。

母は祖母に私たちのことを任せると、授業参観でしか着ないようなスーツを着て、どこかに出かけていきました。この時点で私はピンときました。「あ、父ちゃんが出てくるんだ」と。

それから4、5時間は待ったでしょうか。

弟が祖母に「ばあちゃん、腹減った。昼めし！」と言っても、「もう少ししたら〝食べに行ける〟から」とガマンさせていました。

そのとき、家の電話が鳴りました。祖母が受話器をとり、「分かった」というと私たちを外に連れ出しました。行き先は近所のお寿司屋さんで、店の奥の座敷に通されました。

そこには親方夫婦と母、そして父がいました。

約6年ぶりの再会でしたが、懲役での苦労もあったのでしょう。父は痩せて、一回り小さくなっていました。

ここで私が「お父さん！」と泣きながら抱きつけば、本書のクライマックスになったかもしれません。でも、このときは不思議なほど冷静で、「あ、帰ってきたんだ」と実に素っ気ないリアクションしかとれませんでした。そのときを思い出すと今でも何ともいえない苦しい気持ちになります。思春期ということもあって、色々な想いがゴチャゴチャになって、それを言葉にできないもどかしさがあったんだと思います。

もちろん、父の出所は嬉しかったです。

だけど、「この人のせいで私の人生は変わってしまったんだ！」という怒りもフツフツと湧いてきたのです。さらに「そもそも父のせいで私は〝テキ屋の娘〟として虐げられたんだぞ！」という想いも心の中をよぎり、次第にそれが大きくなって、再会の場が憎しみの場になってしまいました。

商売を手伝うなかで楽しかったこともありました。実際、稼ぐことに夢中になっている自分がいたわけですから。だけど、その反面、「商売を手伝っていなかったら私は〝普通の女の子〟として青春を謳歌できたのではないか？」という気持ちがあったのが、父への怒りにつながったのでしょう。

そういうことを考えていたら、繁華街で豪遊していたのは、〝テキ屋を手伝わされている自分の慰め〟だったと気づいてしまったんですね。そのことに気づくと自分が情けなくなって、哀しかったし、寂しくなりました。

そんな私の気持ちを察したのが親方の奥様でした。

わざわざ私の隣にきて、「杏子ちゃん、よく耐えたわね～」と優しく声をかけてくれたのです。

「今度のゴールデンウイークはお父さんがデンキ（わたあめ）をやって、お母さんがスイネキ（あんず飴）をやるから、杏子ちゃんはようやく遊べるわね」

それを聞いて、私はハッと我に返りました。

そうして、思わず奥さんに「私はこれからどうしたらいいんでしょう?」と聞いていました。

これから父とどのように接したらいいのか。テキ屋の手伝いは本当に続けなくていいのか。すべてが分からなくなったんです。

「お父さんとは自分の気持ちに正直になればいいんじゃない? 杏子ちゃんの年齢だったら反抗したい気持ちもあるだろうし、それは別におかしなことじゃないわ。商売を手伝いたかったら、その気持ちを正直に伝えればいい。でも、それは杏子ちゃんの家の問題だから、お父さん、お母さんと話し合って決めることよ」

私が不安な表情を見せると、奥さんは豪快に笑いました。

「もしも商売を手伝えなくなったらウチにくればいいじゃない。杏子ちゃんがスイネキをやったらウチの売上も倍増よ」

冗談を言いながら気づかってくださりました。

だけど、私に一番刺さった言葉は、最後に真面目な顔で私の目をまっすぐ見て言ってくださった「あなたの好きなように、正直に生きなさい」でした。

自分に正直に生きなさい

出所した父は、当然のことですが家に帰ってきました。

学校から帰ったら、いつも父がいる生活が再び始まったのです。

父は後ろめたさもあったのでしょう。私自身も複雑な気持ちを抱えたままだったので、お互いが探り探り、家の中での自分の居場所を探す。そんななんとも微妙な時間が数日の間続きました。

そんな状況を打ち破ったのは、母の一言でした。

「杏子、これから商売の手伝いはどうするの？」

いきなり、核心を突くような問いかけです。

最初は「なるようになればいい」と思って、曖昧な返事をしていましたが、本心としては商売を手伝いたいと思っていました。

理由は、やはりお金です。

遊ぶためのお金が欲しかったわけではありません。夢を叶えるための資金が必要だったんです。「自分に正直になりなさい」、そう親方の奥さんに言われたことで、私は改めて自分が将来どうなりたいのか、考えるようになりました。

そうして思い浮かんだのが、幼い頃に夢見ていたアイドルでした。

難しいのは分かっています。自分に素質がないかもしれません。でも、一度だけの人生だから真剣にがんばってみようと思えたんです。

まだあるんでしょうか、私が若い頃はさまざまなオーディション情報をまとめた雑誌が出ていたんですね。それを買って、受けられそうなものがあったら片っ端から応募していきました。

オーディションによっては参加費用がかかるものがあるし、会場までの交通費や衣装代といった出費も馬鹿になりません。お金はどうしても必要でした。

そこで母に「休日は手伝わせてほしい」と意思を伝えたのです。

母は私がやりたい、と言ったことを喜んでくれました。

そうして土曜日の午後、日曜日、祝祭日の商売を手伝うことになりました。

父と母、私の3人体制で、ある祭りでは父と母がデンキを売り、私はひとりでスイネキを担当。別の縁日では父がデンキを売り、私と母でスイネキを売るなど、商売の規模に応じてシフトを組んでいきました。ちなみに弟は「僕は遊びたい」ということで、祖母とお留守番。普通の小学生（？）に戻っていきました。

進路はどうする？

オーディション費用を稼ぐために商売を手伝うようになってからは、1年前のように繁華街で夜遊びすることはなくなりました。夜更かしは美容の大敵ですからね。規則正しい生活を送るようになったと思います。ただ、オーディションは平日の午後に行われる事が多かったので、相変わらず学校は休みがちではありましたが……。

しかし、そのオーディションですが、驚きましたね。

参加者のレベルがとにかく高いんです。

関東某所の田舎から出てきた私など、まったく太刀打ちできないほどの洗練されたスタイルの持ち主ばかり。「あ、私はダメだ」と何度も現実を突きつけられました。

　また、このときに初めて知ったのですが、芸能界のオーディションって、事務所に所属しているタレント予備軍が受けているんですね。どうりで洗練された女性ばかりなわけです。そこに私のような素人が参加しても勝てるわけがありませんよね。

　そういう会場には「次のオーディションに備えて、ウチの事務所のオーディションを受けない？」などと誘ってくるスカウトマンがいるんです。オーディションのためのオーディションを受けさせて、あわよくば入会させてレッスン料をとろうというわけですね。

　そうした仕組みに気づいてしまうと、あれだけ憧れた芸能界が急に虚しいものに思えてきました。アイドル歌手になりたいという夢も、急速に萎んでしまったのです。

　そうなると問題は、卒業後の進路です。

　高校を出たら（厚かましくも）アイドルになるつもりでいたので、それ以外の進路はまったく考えていませんでした。

　高校2年の夏。学校では進路指導が始まり、教室ではクラスメイトが進学だ、就職だと沸き返っています。しかし、私には何のプランもありませんでした。文字通り、真っ白です。

正直、これは焦りました。

もし大学に行くならば、塾や予備校に通う必要があります。でも、勉強はまっぴらなので、この選択肢はなし。専門学校という手もあるにはありますが、勉強は嫌なのでこれもなし。

となると就職することになるわけですが、はたしてこのまま両親の仕事を継いでいいものなのか。本当に悩みました。

でも、ひとりで考えているだけでは、何も出てこないですよね。

それで柄でもないですが、学校の進路指導の先生に相談してみることにしました。

進路指導の先生は私の両親と同じくらいの年齢で、とても優しい人でした。

「高里さん、進学しないのだったら就職をすることになるけれど、どんな仕事をしたいの？」

そう聞かれて、私は固まってしまいました。

やりたいことが、なんにもないのです。

「なんとなくでもいいいから、〝こういう仕事をやりたい〟ということもない？」

先生はそんな私にも親身になってくれます。

私は家がテキ屋で、休日に両親の仕事を手伝っていることを知っていましたし、ある祭では買いにきてもくれました。

「高里さんは、家の仕事の話をする時、とてもいい顔をしていたよ。そのまま親御さんの仕事を手伝ってもいいと思うし、それがイヤならば飲食業などが合っているんじゃないかな」

親の仕事を手伝っていた一番の理由はお金でしたが、実はテキ屋を続けていた理由は他にもありました。私が作ったあんず飴を「美味しい！」と食べてくれる子どもたちの顔。自分が何かをすることで誰かが喜んでくれる、ということが嬉しかったんです。お金はもちろん大切ですが、その喜びが休日、友だちの誘いを断って商売をし続ける原動力になっていたんですね。

そう考えると、たしかに飲食店は私に向いているような気がします。

となると、善は急げです。私は家に帰ると、さっそく母に相談しました。同世代に比べて勤労経験の豊富な私ですが、幸か不幸か、テキ屋以外の仕事をしたことがありません。将来の進路を決める意味でも、まずはアルバイトをして色々な経験をしてみたいと考えたんですね。

「うちの商売を継ぐ気はないのか……」

父は少し寂しそうでしたが、最後には「好きなことをやればいい」と言ってくれました。母も「〝ネキデッチ（あんず飴売り）〟として成長したのだから、本音を言えば続けてほしい。でも、いままでがんばったのだから、好きなようにしなさい。でも、高校だけは卒業するのよ」と認めてくれました。

そうして、私はあんず飴売りから身を引くことになったのです。

アルバイトで青春を満喫

しかし、いざアルバイトをやるにしても、高校生が放課後にできるものとなると、その種類は限られてきます。

色々と探したのですが、結局、家から徒歩圏内にあるファミレスで働くことになりました。

「いらっしゃいませ、〇〇へようこそ」

この台詞をいったい何回言わされたでしょうか。

繰り返し過ぎて、いまでも耳にへばりついているくらいですが、アルバイト自体は良い経験になりました。テキ屋ではひとりで働くのが当たり前でしたが、ファミレスはチームで店を回していく。そのことが面白く思えて、とても新鮮に感じました。あとは……バイト先にひとつ年上の男の子がいて、仲良くなれたのも嬉しかったです。久しぶりに彼氏もできたし、いわゆる青春というやつを謳歌させていただきました。

それからしばらくの間は、学校とアルバイトが生活の中心。土日、祝日も商売に出る必要がなくなったので、遊びたい放題です。彼氏とデートをしたり、友だちと遊びに出かけたりと楽しんでいました。

しかし、年の瀬が近づいた頃だったと思います。

家でくつろいでいたとき、母が急に真面目な顔になりました。

「杏子、相談があるんだけど……。大晦日と正月の三が日、商売を手伝ってもらえないかな」

「出所してから、どうにも勘が戻らなくてな。今年は忙しくなりそうだし、人手があると助かるんだ」

父もそう言って手伝いを頼んできました。

出所してからというもの、父は体の調子があまりよくないようでした。身体も一回り小さくなったし、心なしか顔も以前のようなツヤがないような気もします。

そんな事情があるなら、手伝わないという選択肢はありません。

まだバブルの余韻もあったのか、大晦日と三が日はすごい人手でした。私のあんず飴も飛ぶように売れていきます。たった3か月離れていただけなのに、屋台に立って商売をすることがとても懐かしく感じました。自分が作ったものを食べて、お客さんが喜んでいる姿を見ることができる。屋台の醍醐味を改めて感じることができて、新鮮な思いがしました。

このときの気持ちが忘れられなくて、私は再び商売に復帰します。学校生活にアルバイト、そして商売の手伝い。3つを同時にこなすのは大変でしたが、どれも私には大切なものです。そうやって過ごしていたら、生来の呑気さが出てきて、進路のことがだんだんどうでもよくなってきました。

「就職できればするし、できなかったらテキ屋になればいいか」

世間を甘く見ているというか、ナメているというか。

我ながら呆れてしまいます。

おっちゃんの神通力

そんな考えでしたから、高校3年生になって周囲が進路でピリピリしているときも、どこかのほほんとしていました。

その頃になると、アルバイトよりも商売の比重が多くなっていました。父が疲れやすくなっていたので、代わりに屋台に入ることが増えたのです。5歳下の弟も商売をサポートしてくれたので、負担はさほど感じませんでした。両親も私がテキ屋を継ごうとしていることが分かったのか、ショバ代の支払いといった事務的な仕事も教えてくれました。

事務仕事が増えると、色々な庭主さんの事務所にも足を運ぶようになります。

夏の暑い日のこと、とある事務所にお中元を持っていくと、「おぉ、杏ちゃんじゃないか！」とズングリとした初老の男性に声をかけられました。この方は、私が5歳のときに父に連れられて事務所にいったときにピラフをごちそうしてくれた〝おっちゃん〟です。おっちゃんはもともと幹部でしたが、当時はそれ以上の重要人物、いわゆる顔役になっていました。

そんな人に高校生の小娘が親し気に話しかけているのですから、周囲から見たら驚くような光景だったでしょうね。

「久し振りだから、茶ぁしに行こう」

おっちゃんは私を喫茶店に連れ出しました。

向かった先は、都内にいくつもあるチェーン店でしたが、お客さんはいかつい男性ばかり。おっちゃんによると、そこは〝その筋の人たち〟のたまり場になっているのだとか。そう言われて見れば、たしかに全員、目つきが尋常ではありません。

「杏ちゃんは、来年の春には高校卒業だろ？　どうすんだ？」

おっちゃんは運ばれてきたアイスコーヒーを飲みながら、進路について尋ねてきました。

まだ何も決まっていないけれど、できれば飲食系の仕事をやってみたいと思っている。素直にそう打ち明けると、おっちゃんは「そうか、そうか」と頷きました。

「ほぉ～、飲食系ね。この街の店で良かったら、俺の知り合いに聞いてやろうか」

正直なところ、話半分に聞いていたこともあって、あまり期待していませんでした。

しかし、それから数日後、我が家に電話がかかってきました。

出てみると、相手は初老の男性です。

「高里杏子さんはいらっしゃいますか？」

私ですと答えると、男性は続けました。

「○○さん（おっちゃんのことです）の紹介でお電話させていただきました。お聞きしたところでは、飲食関係の仕事をお探しだとか。私はあの街でいくつかの店を経営している会社で副社長をしています。よろしければ、一度、お会いして会社の説明をお聞きになりませんか？」

渡りに船とは、このことです。

数日後、先方の会社で副社長にお会いすることになりました。

副社長は仕立ての良いスーツに身を包んだ、細身の紳士的な方でした。

私が緊張していると、「○○祭りのときにあんず飴を売っていたそうですね」と、その会社の近くにある神社の縁日の話題を振ってくださいました。事前におっちゃんから私のことを聞いていたそうです。

続いて会社の説明が始まりました。その会社は割烹や居酒屋などを中心に、都内で約30軒の飲食店を経営しているとのこと。想像していたよりも大きな会社です。

「飲食店のフロアの仕事をするのであれば、土日は休めませんよ」

私が頷くと、副社長は「来年の4月から働けますか？」と内定をくれました。

就職先が決まって、ほっとしました。でも、「土日は休めない」ということは商売を手伝えなくなるということです。そのことを両親に伝えるときは、心が痛みました。

父と母はただ「がんばりなさい」とだけ言って、私の背中を押してくれました。

学校の文化祭で商売をする

翌日、お世話になった進路指導の先生に報告に行きました。

内定が出たことを伝えると、先生は一瞬驚いた後、自分のことのように喜んでくれました。

「いやあ、良かった。一生懸命、家の仕事を手伝っていたから、見ている人は見ていたんだね」

そこまで喜ばれると、気恥ずかしい思いがします。

「そうだ、今度の文化祭であんず飴の模擬店をやってみるのはどう？　それまで身につけてきた技術をみんなに見せてあげなよ」

思ってもみなかった提案です。

テキ屋の娘が、自分の通っている学校の文化祭で商売をする。

これはかなりのレアケースではないでしょうか。

私は２つ返事で引き受けましたが、よく考えてみれば、これは単に他にやる人がいなかったからでは……。文化祭の時期は、３年生は受験や就職試験で忙しく、文化祭の準備などにかまっていられません。進路が決まっている私なら、時間に余裕があるだろうということで白羽の矢が立っただけではないのか。

でも、学校の友だちの前で商売ができるのは、またとないチャンスです。

自分があんず飴を売っているなんて、クラスメイトには絶対知られたくない時期もありました。でも、色々な経験をしてきて、商売の楽しさを知ったことで、テキ屋という仕事に誇りを持てるようになっていました。

就職したら、もう二度と商売をすることはなくなるかもしれない。屋台に立たなくなる前に、学校のみんなに見てもらいたい。そう考えると知らず知らずの間に、身体に力が入ってきます。

秋に行われた文化祭、私はあんず飴の屋台を出しました。

文化祭ですから、儲けは度外視。1本30円にしたところ、「全校生徒が買ったのではないか」というほど売れに売れました。「杏子のあんず飴、美味しいね！」、友人たちはそういって喜んでくれました。文化祭での最初で最後の商売、高校生活の良い思い出になりました。

運命の人との出会い

高校を卒業した私は、予定通り、約30軒の飲食店を経営する某社で働くことになりました。

配属されたのは都内某所の居酒屋で、昼12時に出社して仕込みをし、17時から23時までホールで接客をするという勤務内容でした。

当時はまだ実家暮らしだったので、毎日終電で帰宅。短い睡眠を取って、12時に間に合うように出社する。そんな日々になりました。同じ仕込みや接客とはいえ、テキ屋とは別モノでしたし、やる気もあったので毎日が新鮮でしたが、18歳で体力も耐力にも自信があった私でも、さすがにヘトヘトに疲れてしまいました。週に2日の休日も家でゴロゴロして一日が終わるという有様で、これでは恋愛どころではありません。

しかし、出会いというものは、ときに向こうから勝手にやってくるのです。

夕方からフロアを担当していると、お客さんからちょくちょく声をかけられました。手紙をいただいたり、ポケベル（懐かしいですね）の番号をいただいたりと、ちょっとしたモテ期がやってきました。

まあ、高校卒業したての18歳ですからね。若さって武器だと思った次第です。ただ、本当に忙しかったこともあってお断りするしかなかったのですが……。

さて、社会人になって3年目。多少ですが給料も上がり、仕事も慣れて余裕が出てきました。

そんなとき、ひとりの男性が私の前に現れました。彼は店の常連で、いわゆる痩せマッチョタイプで、犬っぽい顔をしているのですが、そこに優しさを感じてしまいました。

恋は人を変えます。彼と出会ってからというもの、いつ来店してもいいように髪はバッチリセットして、メイクにも気合を入れました。来店したら、もちろん彼のテーブルを担当。いつも以上に愛想よく料理のお皿を運びます。

彼も私のことを憎からず思ってくれていたようです。

ある日、会計のときに伝票と一緒にメモをもらいました。メモには電話番号と、いつでもかけてきて構わない旨のメッセージが書かれていました。その日は、天にも昇る気持ちで帰りましたよ。当時はまだ携帯電話はなかったですからね。電話をするなら家の電話から、ですが何となく気が引けて、公衆電話からコールしました。

すると、先方はすぐに出て「今度、食事でもしませんか？」と誘われました。土日は仕事なので平日しか休めないことを伝えると、「自分も土日が休みではないので構わない」とのこと。結局、その3日後の夕方に会うことになりました。私よりも5歳年上で配送の仕事をしている人で、私が入社した時から気になっていたそうです。私も気になっていたことを伝えると「それじゃあ……」という感じで付き合うことになりました。それが今の夫です。

意中の人と付き合うことができたのは嬉しかったのですが、ひとつ解決しなければならない問題がありました。

それは、カミングアウトです。これ以上、2人の関係を深めるならば、両親がテキ屋であることは伝えておかなければなりません。

たぶん、5回目のデートだったと思います。私から「隠していたことがある」と切り出し、親がテキ屋であること、幼い頃から商売を手伝っていたこと、これから先も手伝うかもしれないことなど、すべてを話しました。

すべてを打ち明けると、彼は「な～んだ」と笑いながら、「テキ屋さんだって立派な仕事でしょ？　俺、子どもの頃から祭りが好きだし」と言ってくれました。「お互いに親を大事にしよう」、その言葉を聞いて、真剣にお付き合いしようと思ったのは言うまでもありません。

そして、ほどなくして両親に彼を紹介しました。なるべく早く結婚したいと思ったのは、私の家庭事情もあったからです。

彼にカミングアウトした時に「もしかしたらこの先、手伝うこともあるかもしれない」と言いましたが、懸念事項があったのです。

その頃になると、父は体調を崩しがちになり、商売がままならないことも出てきていました。実家暮らしでしたので、母が困っているところも目の当たりにしています。

週末だけでも商売の手伝いをするべきではないかとも思いましたが、いまの職場は土日が休めません。そこで会社に掛け合ってみたところ、本社での事務作業を提案されました。そうして、平日は本社勤務、週末は商売という二足の草鞋を履くことになったのです。

私の生活が目まぐるしく変わる中でも、彼は変わらずサポートをしてくれました。そうして私たちは結婚をすることになりました。困難もあるけれど幸せもある。それも人生なんだと思い、挙式の日も決めていたのですが……、またしても大きな転機が訪れたのです。

【第五章】我が家がテキ屋を辞めるとき

唐突に終わった会社員生活

社会人になって数年が経った頃のこと。

私は勤め先の飲食店で出会った彼と結婚をしました。

急な話でもあったので、両家の親族が数名出席しただけの、小さな式をあげました。

父の体調不良でテキ屋の仕事を手伝うようになっていましたが、夫の両親はそんな私のことを全面的に理解して、受け入れてくれました。

病院で検査を受けた結果、父は神経系の病気を発症していることが分かりました。命に別状はないのですが、長時間の作業は困難とのことで、デンキ（わたあめ）は母が、スイネキ（あんず飴）は私が担当することになり、父は調子が良いときは母と一緒に商売をする、というのが週末のルーティーンになりました。そこに弟も加わり、まさにテキ屋一家として、各地の祭りや縁日に赴き、商売をする日々に突入していきます。

私自身は週末は商売を手伝い、平日は9時から18時まで会社でデスクワークをこなす……そんな日々でしたが、正直なところ、かなりキツかったですね。

本来は接客がしたくて会社に入ったのに、机に座って伝票の整理などをしなければならないのですから。黙々と作業をすることが性に合わず、精神的に追い詰められていきました。

そんなとき、あの法律が施行されたんです。

暴力団対策法です。

暴対法は、正式には『暴力団員による不当な行為の防止等に関する法律』という名称です。

簡単に説明すると、公安委員会に指定された暴力団は寄付金や物品購入の強要などを、暴力的要求行為として禁止されるというもの。ようするに暴力団の活動を締め付ける法律ですが、なぜか、テキ屋業界も標的にされてしまったんです。やはり、そちらの筋とつながっているというイメージがあるのでしょうね。この法律によって、そういったものを排除しようという動きが急激に強まったように思えます。

この法律の施行後、私の周囲の態度は目に見えて変わりました。

私は入社する際に、会社の同僚に親がテキ屋であることを打ち明けていました。転属を希望した際にも、体調を崩した父に代わって週末に家業を手伝うことが理由だと伝えています。今となっては、もう少し曖昧な表現にしておけば波風が立たなかったのではないかと思いますけど、当時の私としては本当のことを伝えるのが、私を受け入れてくれた会社に対する義理のように思えたのです。

振り返ってみると、施行当初はまだ、それがナニモノかすらよく分かっていなかったと思います。報道の仕方も影響したと感じますが、とにかく社会から反社会的勢力を排除するべき、ということのみが先行していたように思います。

それもあってか、まだ輪郭しか分かっていないような時期から私への風当たりが強くなりました。

「高里さんはテキ屋だから、暴力団に関係あるのではないか？」

「そんな人を会社に置いておいて世間から非難されないか？」

「彼女がいること自体が、会社の不利益になるのではないか？」

そんな声が聞こえてくるようになったのです。

直接は言われません。上司から「○○さんがこんなことを言っているんだがね……」といった感じで、間接的に伝えられるわけです。

ここで私は思い出しましたね、小学5年生の頃を。まさに子どもじみた、いや、「ガキでもそんなことはやらねえよ！」というような陰湿な噂を立てられました。……この頃を思い出すと思わず言葉が乱れてしまいますね。申し訳ありません、それほど腹が立ったのです。

テキ屋と反社会的勢力の関係については、本書の第3章で述べました。

私個人の考えですから、すべてを理解して欲しいとは申しません。しかし、一方的に決めつけて断罪するというのは、どうなのでしょうか。

そもそも、その会社は繁華街で飲食店を経営しているわけですから、店舗の中にはミカジメ料を払っていたところもあるでしょう。当時はそうしないと商売ができなかったからです。そもそも暴対法が作られたのは、そうしたミカジメなどを廃止させようという側面もあったのではないでしょうか。

この状況に困ったのは、私を入社させた副社長でした。

彼まで噂のターゲットにされ、「高里さんは副社長の愛人らしい」、「だから暴力団と関係していてもクビにすることができない」など、根も葉もないことを並べ立てる人もいました。私、このときすでに結婚してるんですよ。なんだかすべてがアホらしくなってきました。

当の副社長は〝おっちゃん〟への気遣いからか、「困ったね～」と苦笑いするのみでしたが、その姿を見て私は悟ったのです。

「私は去るべきだ」

これはあくまでも個人の判断でしたが、そう言われているように思えたのです。このことを夫に相談したところ、「居づらい場所に無理して居続ける必要はないよ」と背中を押してくれました。

そうした経緯もあって私は会社に辞表を出しました。雇ってくださった感謝もありましたが、それ以上に縁を切れることにスッキリしたのを覚えています。

断腸の思いで値上げを実施

飲食業の仕事を辞め、いよいよテキ屋の仕事一本になりました。

平日の仕事がなくなったことで肉体的・精神的な負担も減り、「バリバリ稼ぐぞ！」と気合いを入れていたのですが、いざ本腰を入れて商売を始めてみると、以前とは違う感覚を覚えました。

週末限定とはいえ手伝っていたので、作業自体はまったく問題ありません。むしろ〝本職〟になったことで余裕を持って臨むことができます。

ケアレスミスをしないように、しっかり準備をして商売を始めるわけですが、「あれ？」と感じることがあったのです。

お客さんの流れが、鈍くなってきたんですね。

以前に比べると、目に見えてスタートダッシュのかかりが悪くなっているんです。

私が高校生だった頃は、たとえば朝顔市の場合、店の準備をしている10時頃から子どもたちがやってきて、「まだ？」と聞いてきたものです。

しかし、その日は10時にあんず飴を並べたものの、素通りしていく人ばかり。人通り自体も減っているように感じました。

それは夕方から始まる、子どもが大好きな盆踊りで商売をしていても同じでした。祭りの参加者はそれなりにいるのに、なかなか買ってくれない。私のスイネキだけでなく、母のデンキの売上も徐々に落ちていきました。

原因は何なのか。テレビのニュースを見ていると、その理由が分かりました。

バブルが崩壊して、日本の景気が後退している。

そう、景気減退が祭りや縁日にも影響を及ぼしていたんですね。

巷では、バブルの頃の賑わいは嘘のようになりを潜め、多くの人が買い控えをしていました。それは祭りや縁日も同じで、お客さんの財布のひもはずっと固くなっていきました。

同じように商売をしていては、以前ほどの売上を立てられない。

難しい状況に追い込まれたことで、父はある決断を下しました。

あんず飴は、父が一本になってから約20年、ずっと1本100円で売っていました。それを値上げしようというのです。

当時は、売上の減少に加えて原材料の高騰にも見舞われ、1本100円ではギリギリの黒字というラインで、周囲のネキデッチも「どうする？」といった感じでした。父、そして周囲のスイネキ屋も一気に100円値上げし、1本200円で売ることにしたのです。

売値が2倍になるという大胆な値上げですが、こうなると値上げした分は、ほぼ利益になります。仮にこのまま市場が落ち込み、売れる本数が例年の半分になったとしても採算が取れる計算になります。

この大胆な値上げ施策で風向きは一気に変わったのですが、それまで100円で買っていたお客さん、とくに少ないお小遣いを握りしめて買いにくる子どもたちには大打撃ですよね。その点は非常に心苦しいものがありました。だから、水飴の量を増やすなど自分ながらの工夫をして、少しでも小さなお客さんに喜んでもらえるように努めていました。

それでも、なんなのでしょうね。祭りや縁日に活気がないと、売る側のこちらも張り合いがないのです。虚しいという言葉が当てはまるかもしれません。だけど、そこは商売です。気持ちを切り替えてあんず飴を売りました。

テキ屋一家の子育て

大胆な値上げによって窮地を脱した私たち一家でしたが、私は一時的に戦線を離脱することになります。実は第一子である長女を出産したからです。

妊婦時代は、出産ギリギリまで屋台を出していました。

屋台に立ち続けるのは重労働といえば重労働でしたが、あんず飴を作る事自体は手先を使う仕事ですので、身体への負担はそこまで大きくありません。

でも、さすがに屋台の組み立てや解体はできないので、そこで活躍したのが弟です。

弟は当時、知り合いの会社で解体業に従事していました。当人は家業を継ぎたいと考えていたようですが、「若いうちは色々な社会を見てみたい」ということで、他の仕事をしていたのです。週末はテキ屋の仕事を手伝ってくれ、一家にとって大きな戦力になっていました。

そうこうするうちに、私は長女を出産し、産休に入りました。

その間の商売は、父と母、そして弟の3人で回します。商売で起こったことは逐一報告してくれたので、子育てに専念することができました。が、やはり長く現場を離れていると、商売がしたくてうずいてくるものですね。もう少し休んでも良かったのでしょうが、私は娘が1歳になったのを機に商売に戻ることを決断しました。

そのとき、問題になったのが〝商売のときに子どもをどうするか？〟ということでした。

今では設備が整った保育施設が多く、1歳児を預かってくれる保育所もたくさんあります。

しかし、平成初期の当時は、安心して子どもを預けられる施設が見当たりませんでした。もちろん、その頃に住んでいた環境もあるでしょう。夫の仕事が休みなら安心できますが、配送業ですので週末にも仕事があります。

こうなったら娘を背負って商売してやろうじゃないの！　そんな気持ちでいましたが、ここで立ち上がったのが私の母でした。

私が子どもの頃、母が仕事をしている時は祖母が私の面倒を見てくれたように、今度は祖母になった母が「私が面倒を見るよ。商売は姉弟で好きなように切り盛りしなさい」と後押ししてくれたのです。

そうして私が商売に出ている時は、娘の面倒は父と母が見てくれることになりました。これほど心強いことはないのですが、初孫ゆえに両親揃って長女を甘やかし過ぎたのは困りもので……。それでもこの時期があったので娘は成長してからも「おじいちゃん、おばあちゃんを大切にする」という気持ちを持ち続けることができたと思いますし、2年後に生まれる長男も同様でしたから、結果オーライといったところでしょう。

暴対法・暴排条例の押し寄せる波

さて、本格的に商売に戻った私ですが、早くも「この商売をいつまで続けることができるのだろうか？」という不安に直面します。

暴対法の波が徐々に私たちの商売にも迫ってきたことを実感したのです。

暴対法の施行直後、祭りや縁日への影響というのはごくわずかでした。制服を着た警察官が少し増えたかな、くらいでした。おそらく警察もどのように取り締まっていくべきか暗中模索だったのでしょう。

その後、各自治体は一般市民と暴力団の関わりを規制する「暴力団排除条例（以下、暴排条例）」を制定します。調べてみたところ、暴排条例の最初は2004年に広島県広島市で、そこから福岡など各地に広がっていき、最終的に2011年には全国の市町村で条例が施行されるようになったとか。なるほど、全国一斉ではなかったから徐々にという感じだったのですね。

私が最初に暴対法の影響を直接感じたのは、1990年代半ばの夏です。

朝8時頃に商売の場所に行くと、庭主さんがやけに慌てていました。

その日は、ある神社の祭りで、参道に屋台が並ぶ予定でした。この参道は公道でもあるので商売を行うには道路使用許可が必要になってきます。道路の使用許可を出すのは警察庁です。それを当日になって出さないと言い出したのです。

私が腑に落ちなかったのは、なぜ、当日になってそのような騒ぎになったのかということです。開催を許可しないなら、遅くとも前日までには通達するべきではないでしょうか。

その祭りは恒例行事です。毎年暦に則って行っているものですから、受付初日に申請しているはずです。そもそも庭主さんも自分が担当するエリアなだけに下手なことはできませんし、私には開催者サイドに不備があったとは到底思えないのです。それはテキ屋側も理解していたので、現場にきていた警察関係者と一触即発の状態になりました。

背景に何があったのかは、私には分かりません。

ただ言えることは、許可を出す人も庭主も人間であるということでしょう。

取り締まる側は「単にルールを守ったまでだ！」と主張するかもしれませんが、そこで商売をして、生計を立ててきた者が100人以上いるのです。それを当日になって「今日はオマエらに仕事させないからな！」というのは筋道から外れているというか、どちらが義理を重んじているのか。そう思った一件です。

結局、庭主と警察の間に神社関係者が入って話をまとめたのだと思います。

神社も賽銭を投げてくれたり、寄進をしてくれたりする参拝客が見込めないと、祭りを開催する意味がありませんからね。そりゃあ必死になるわけです。ちなみに私は神社で商売をさせていただく時にはショバ代とは別に、心付けとしていくらかを賽銭箱に入れるようにしていました。「今日も商売させてくださってありがとうございます」という気持ちを込めて。

私服警官の張り込み

この一件だけではなく、その他にも暴対法の余波を受けていると感じさせることはたくさんありました。

たとえば前述のように神社仏閣の参道を利用して縁日を開催した時、巡回する警察官が増えたように思えます。

もちろん、以前から祭りや縁日には警察官が派遣されてはいました。ちなみにテキ屋が商売しているところに派遣される警察関係者は組対部（組織犯罪対策部）の人間が多く、制服を着た警察官の場合は腕章を付けてパトロールをしていました。

でも、それは市民の安全を守るためだったように思います。

参拝客同士のトラブルを防いだり、迷子の保護であったり、そういったところに主眼を置いていたのではないでしょうか。

しかし、暴対法や暴排条例の後は、その視線の向けられる先が変わったように感じました。

「テキ屋が何か悪いことをしていないか？」

そういう目で見られている気がしてならないのです。

テキ屋の被害妄想だと言われたらそれまでですが、実際に私服警官がまるで何かを待つように、一部の屋台に張り付いているのを目撃したこともあります。よく白バイが交差点の陰に隠れて違反者を待っていたりしますよね。まさにあんな感じで、待っているわけです。

違反者を取り締まるのもたしかに大切なのかもしれません。ですが、それよりもむしろ、違反者を出さないように誘導した方が、安心・安全な祭りにつながるのでは……。私などはそう思ってしまうのですが、考えが浅いのでしょうか。

警察はテキ屋に指導する際、よく「市民の声に応えたまで、です」と説明します。円滑にテキ屋が商売するためには市民の声が重要なのは分かりますが、この紋切り型の答えはなんとかならないものですかね。

暴対法で出店数も減らされる

もう一つ、暴対法の余波だと思うことが〝テキ屋の縮小〟を言い渡されることが増えたことです。たとえば千葉県某所の桜祭りは、約2キロメールに及ぶ桜並木の沿道に数多くの屋台が並ぶことで有名でした。しかし、ある頃から主催者より「屋台は片側だけにしてほしい」という通達が出るようになりました。

大義名分としては「沿道には個人で（店舗を構えて）商売をしている市民がいるの

で、そういう人たちにも利益を還元したい」とのこと。たとえば沿道で焼き鳥屋さんを営んでいる方が祭りの期間は、店内だけではなく店前でも売りたいという声に応えたいというわけです。もちろん、その気持ちは分かります。しかし、その裏には「テキ屋に商売をさせることは、反社会的なところへ利益が流れるから」という思いが見え隠れしている気がしてならないのです。

しかし、テキ屋の数は変わっていないのに出店者の数を減らす……、これは私たちにとっては死活問題です。このようなことが起こると、庭主とテキ屋の関係に微妙な亀裂が生じますし、生き抜くために抜け駆けをするテキ屋も出てきます。テキ屋の間にもピリピリとした空気が流れますし、トラブルの発端にもなりかねません。私は不健全な環境になったものだな、と悲しく思っていました。

この傾向は年々強まってきたと思います。

たとえば、焼きそば、かき氷といった商売は「自分たちで調達します」というところが増えてきました。テキ屋の代わりに開催地域の町内会の婦人部などが、利益を追求しないという建前で自分たちで作って安価で提供するわけです。

それはそれで構いません。でも、食品を扱うテキ屋は保健所の許可を取っています。

そういう方たちは一晩の催し物のために、わざわざ届けを出しているのでしょうか。

そうした傾向が強まる中でも、専用の機械を使うわたあめやたこ焼きなどは、ありがたいことに変わらずにお呼ばれしていました。

しかし、最近ではそういった器具をレンタルする会社も出てきているそうで、使い方を教えてくれる人もセットで貸し出しをしているとか。そうなるとテキ屋としては商売あがったりです。こういったところが業界を衰退に追い込んでいったのは言うまでもありません。

大切なお客さん、子どもたちへの思い

テキ屋業界が衰退した原因の中には、消費者の傾向が変わったことも大いにあるでしょう。

バブルの崩壊と共に、明らかに売れる本数が減ってきました。

景気の問題もそうですけれど、少子化もテキ屋業界を直撃していると思います。

とくに私のように1本100~200円という安価で売っていたあんず飴は、はっ

きり言って子どもがターゲットです。小銭を握りしめて「どれにしようか？」と目をキラキラさせている子どもを見るとやる気になったものですし、そこが誇りでした。

そう思ったのは長女の出産から2年後に第二子となる次女を産んだことも大きかったと思います。このときも1年ほど商売から離れましたし（その間、あんず飴は母が担当していました）、長女のときと同じように母に面倒を見てもらい、仕事復帰となりましたが、さらに状況が悪くなっていたように思えます。

自分が親になったからという気持ちも大いにありますが、やはり、経済という意味でも子どもは〝未来への宝〟だと思うのです。お金を出すのは親ですが、欲しがるのは子どもということです。親や祖父母は子どもや孫が欲しがったら、なるべく叶えてあげたくなりますよね。私も現在、孫を持つ身になってよく分かります。だから、まず、どうしたら子どもが欲しがるか、この時期はそこを考えて商売をしていました。

色々と試して分かったのは、少し矛盾する表現ですが、〝子ども扱いをしない〟ということでした。

よくいるじゃないですか、小さな子どもに赤ちゃん言葉で話しかけている売り手が。あれって、傍から見てもアホっぽいですし、子どもからしてもバカにされていると思ってしまうらしいですね。逆にちゃんと一人前として扱い、大人に対するものと同じ言葉づかいで接した方が喜ばれるものです。

その結果、「また行きたい！」という気持ちになり、次につながるわけです。その〝次〟というのは彼らが大人になって、自分たちの子どもたちを連れてきてくれるということです。

そうやって経済はつながっていくのではないか。

私は商売をしていて、そのようなことを教わったと思っています。

機材のレンタル業に進出する

バブル崩壊後は、あんず飴の1本あたりの価格を値上げしたこともあって、売上本数は減ってはいたものの、利益はなんとかキープできていました。

個人的なことではありますが、２０００年代に差し掛かろうとしていた時に、私の祖母が亡くなりました。もちろん悲しかったですが、ひ孫の顔を見せることができて恩を返せたのかなと思っています。同時にテキ屋として大成することが弔いになると決意を新たにしたのですが……世の中、そうはうまくいかないものです。

まず、週末になっても声がかからないことが多くなってきました。商売をする機会自体が少なくなってしまったんです。見通しが甘かったといえばそれまでですが、ここまで悪くなるとは予想していませんでした。

これからどうしのいでいくのか。父と母、そして弟と4人で考えました。そんなときに母から良いアイディアが出てきたんです。

「うちが機械を使わない時に、たとえば学校の文化祭などに貸し出すのはどう？」

週末に商売がないと、機械は寝かせておくだけ。それならばいっそ、それを貸し出していくらかお金をもらえないかというわけです。

もちろん、学生さんが相手ですからレンタル料はそれほど取れません。

当初は借り手は現れるのだろうか、と少々不安がありましたが、需要は意外にあるもの。懇切丁寧に接したこともあって、リピーターも次々にできるようになり、このレンタル事業は我が家が店をたたむまで続きました。テキ屋のイメージアップにつながったのであれば、嬉しい限りです。

しかし、それでも本業の商売は縮小が続きました。

わたあめやあんず飴も売れなくなったので、仕入れや仕込みに割く時間も短くなります。

私と弟、2人いれば十分な仕事量になったので、相談のうえ、父と母には勇退してもらうことになりました。

父は病気を押してテキ屋稼業を続けてきましたが、その頃には病状が悪化し、商売をするのがつらそうでした。祖母を亡くしたショックもあったと思います。日に日に悪くなっていくことが分かりました。そこで父だけでなく、家族全員の安心のためにも入院させることになったのですが……、それにはお金がかかります。

夫も協力してくれましたが、何せ我が家は育ち盛りの子どもが2人もいます。もろもろの必要な金額を考えると、テキ屋稼業だけではまかなうことが難しくなってきたのです。

それでも前向きに考えて「空いた時間に働くか！」ということにしました。

中学時代からの友人が経営していた小料理屋が人を探していたんです。

ひとつ気がかりなのは、例の法律でした。

テキ屋である私が働くことで、店に迷惑がかかるのだけはイヤでした。でも、彼女は「こんな小さな町の店に、警察がゴチャゴチャ言わんでしょう！」と雇ってくれたのです。

働くのは平日の夜だけでしたが、家には母がいたので安心でした。

もともと好きだった接客業なので、楽しく働くことができました。この仕事はそれからもずっと続けています。いいえ、辞めるわけにはいきませんでした。

なぜなら「いよいよ、テキ屋は廃業か⁉」という事態になったからです。

グレーゾーンを許さない社会

あれは忘れもしない2001年のこと。

新しい世紀を迎えた、ということもあるのでしょうか。繁華街における商売が一気にやりにくくなりました。取り締まりが急激に厳しくなっていったからです。

この頃の警察というのは、〝商売を辞めさせるための何か〟をいつも探していました。

繁華街で屋台を出していると、警察官がやってきて屋台をチェックします。規定通りに機材を設置しているか、申請にあるもの以外のことをしていないか。それはあたかも粗捜しをするような細かさでした。

そのうち、警察は保健所も巻き込んで、水回りのチェックを始めました。食品を扱う屋台は、その素材の管理までしつこく調べられました。しかも、それらは商売中に行われるんです。こちらとしては、庭主に迷惑をかけないよう、常に細心の注意を払っていましたので恐れることはありません。

しかし、そんな感じで警官がウロウロしているような祭りを、はたして一般のお客さんが心から楽しめるでしょうか。

また、この頃から、あらゆることのグレーゾーンがなくなっていきました。白か黒かハッキリさせることが美徳……そんな世の中の流れになっていったと思います。

その一因はネット社会になったからでしょうね。私自身、パソコンやスマホといったことに関していえば原始人並みに知識がありません。ＳＮＳはやっていませんし、ネットショッピングは夫任せ。ただ、気になる韓流俳優の動いている姿が見たいので、動画サイトの視聴方法は覚えましたけど……、いまだにインターネットの話はチンプンカンプンです。

そのため、ここからは弟の説明を引きつつ書いてみましょう。

まず、2000年代初めにネット上に掲示板サイトができたことで、それを使った速報性のある情報がやり取りできるようになったそうですね。この掲示板はさまざまなジャンルについて書き込みができるものだったので、縁日についても書かれるようになります。「○○神社のたこ焼き屋の女の子、かわいい」なんて情報はありがたかったのですが、その中には〝裏側〟に言及するものも少なくありませんでした。

たとえば「あそこの庭主は○○組（指定暴力団）とつながっている」とか「あのテキ屋は△△一派の出なので気を付けたほうがいい」など、どこでそんな情報を仕入れたのかという内容で、大ボラもあれば、いかにも内部の者がリークしたであろうような事実も入り交じっていて……。それらの書き込みが、テキ屋の商売に悪く作用したということは十分にあるでしょう。

この掲示板、私が恐いと思ったのは〝文字だけ〟の情報ということです。

文字だけだと、同じ内容を伝えるにしても、冷たく感じたりすることもありますよね。

たとえ悪意の無い情報を流されたとしても、捉え方によってはものすごく悪い情報に見えてくることもあると思うのです。

弟にそんな意見を言うと、「だから今は写真や動画を添付できるSNSが主流でしょ。商売する側としては良くも悪くもそこを意識しないとダメだよね」とのこと。

たしかに、写真映えを狙うことは売上のために大切だと思います。

ただ、見栄えのために味は疎かになってはいないか。色合いを重視するために化学的なものを多量に使いがちになってはいないか。老婆心ではありますが、商売をしている側はそうした点は改めて見直す必要はあるでしょう。ツッコミどころが多いほど非難の対象になるおそれは出てきます。だから心配になってしまうのです。

あの暴露動画にもの申す

そして、昨今、何が恐いかといえば、やはり動画による暴露ではないでしょうか。

その代表が、某ユーチューバーが祭りでクジを全部引き、1等の賞品が当たるのかを検証したものでしょう。

これは私がテキ屋業界から身を引くか否かの時期に起きたことでした。

動画に出てきた合わせ屋（くじ引きを商売にしているテキ屋）は知らない方でしたが、周囲には合わせを商売にするテキ屋は何人もいました。その誰もが動画で標的にされたテキ屋と同じシステムを取っていることでしょう。つまり、どの祭りでどのクジを引いても同じ結果になるということです。

動画では、そのことを詐欺と指摘していたようですが、はたして詐欺という言葉でひとまとめにしてもいいものでしょうか。

別に美談化するつもりはありませんが、子どもたちはクジをワクワクしながら引くわけです。

私はテキ屋という商売は、そのワクワクを売っているのだと思います。矛盾しているかもしれませんが、大人だって「どうせ当たりなんて入ってるわけない」と思って引かれる方がほとんどだと思います。それは経験を積んで世の中の仕組みを知っていく中で分かることかもしれません。ただ、見たものを額面通り受け止めるのは、ある意味で無知であり、ないと分かっていて、あえてそれを動画でさらして大騒ぎするのは悪趣味極まりないとも思うのです。

本書では私が経験してきたテキ屋の世界を書けるとこは全部、書いています。

だけど、すべてをさらけ出すことが美徳だと思いません。何かをすることで損をする人が出てしまうのだとしたら、それは〝徳〟ではないんです。

曖昧なところを楽しめてこそ粋ってもんじゃないでしょうか。そして、曖昧な世界を味わうことが、縁日や祭りの醍醐味だと思うのです。昔の人はそのことがよく分かっていたと思います。だからこそ、子どもが当たりが出るまでクジを引こうとすると、親は分かっていて「その辺でやめておきなさい」と止めたのでしょう。

私は思うのです。テキ屋の裏側をそれほど暴露したいんだったら、あなた方が一番興味のあるテキ屋と暴力団の関係を探って動画にしたらいいじゃないか、と。まあ、そこに入り込む勇気など、どうせ持ち合わせていないでしょうけどね。……と、申し訳ありません、怒りに任せて書いたら筆が少々乱れてしまいました。

怖いのが、そうした無粋な動画でも影響力が大きいんですよね。そのユーチューバーはお子さんにも人気だと聞きました。そうなると、動画を観た子どもたちはそのユーチューバーが正義で、テキ屋が悪だと思うかもしれない。子どもたちの価値観が誘導されてしまう可能性があることが、とても怖かったんです。

実際、あの動画が公開されてから、屋台の前でクジをねだる子どもを「当たりが入っていないって、分かったでしょ！」といって無理やり屋台から引き剥がしていく親も増えたのだそうです。合わせを商売にしているテキ屋仲間から聞きました。

世知辛い世の中というか、つまらない世の中になったものです……。

そんなことを書くと「インチキを庇うのか？」という声もあがるでしょう。

もちろん、庇いますとも。自分は身を引いた者とはいえ、彼らの昔の、いえ、昔からの仲間であることに変わりはないのですから。

テキ屋からの引退

2010年代半ばに父が他界しました。

晩年はいろいろな病気を併発して入退院を繰り返していたので覚悟はできていましたが……。

事件のこともあって、憎しみがなかったといったら嘘になります。

それでも私自身、本格的にテキ屋を生業にしてからは、父と母がどれだけ苦労をしてきたか身に染みて分かりましたからね。何よりも屋台や道具など、父が使い込んできたものが身の回りにあるので、自分が親になるとそれらから愛おしさも伝わってくるようになりました。ガラでもないけれど、少し感傷的になってしまうのです。やはり、一家の大黒柱だったのでしょうね。

父が亡くなった際には多くのテキ屋仲間が葬儀に駆けつけてくださりました。すでに鬼籍に入られていた親方夫婦の跡を継いだお子さんも参列されて、「やはり続いていくものなんだな」と思ったのですが……。良いことばかりではありません。父が亡くなったことで、父の顔でつながっていた関係者の中には「親父さんじゃないから」と我が家の商売から去っていく者もいました。父は一本でしたから、仲間も多かったですけれど、商売敵になる人も多かったわけです。

現実として日に日に商売は厳しくなっていきました。我が家から離れていった人の中には庭主さんもいたので商売の場も縮小してしまいました。以前にも増して週末の商売も少なくなっていきましたが、正直なところ、収支としてはトントンです。ただ、私は友人の割烹で働いていましたし、夫の仕事もおかげさまで順調でした。そして、娘たちも社会に出たこともあって生活自体は何不自由なくできていたこともあり、私自身、商売に対するモチベーションは徐々に低くなっていくのが分かりました。

弟と「どうする?」と顔を突き合わせ、今後の商売について真剣に語り合ったのは平成天皇が譲位（生前退位）の御意向を示された頃でしたから、2016年の夏の終わりだったと思います。この年の夏祭り、盆踊りの類にお呼ばれして商売をしたのはわずか2回。最盛期に比べると1割程度であり、往復の交通費などの諸経費を引くと首の皮一枚で黒字という感じでした。そこで弟が「赤字を出す前に辞めるべきじゃないか?」と切り出したのです。もちろん、私も同意見であり、ダメージが出ないうちに身を引くべきだと思いました。

私自身は孫も生まれたこともあって、娘家族と過ごす時間を大切にしたいとも思ったことも大きかったと思います。もちろん、母にも相談して理解してもらえましたが、母はかなり落胆していましたね。父と母の2人で始めたことですし、いろいろな感情があったと思われますが、「お父さんが築いてきたものには、ちゃんと義理を通しなさい」と送り出されました。

さて、身の引き時についてです。時は平成が終わり、新たな元号のもとに新たな時代が始まろうとしています。そこに旧態依然の商売をしていては勝算はないでしょう。私は「昭和、平成とやってきたから、新しい元号の時代でも商売したかったけどね」と冗談めいたことを言いながらも、義理を通すところに通したうえで廃業しようと決めました。

結果として義理を通すのに約1年かかりました。

古くからの知り合いも、廃業する人が増えていきました。やはり私たちは時代に逆らえないのだと実感させられました。

そして「最後に賑わうところで商売したい」という気持ちがあったので、2018年の正月の初詣の縁日での商売を最後に、我が家のテキ屋人生は幕を下ろしました。どこに届を出すこともなく、ひっそりと……。

最後の商売を終えた翌日の1月3日から、私は割烹にパート勤務するおばちゃんになりました。さっそく娘夫婦の家に赴き、孫と戯れる新しい人生がスタートしました。

そして、テキ屋業の残骸ともいえる物の処分を始めました。

まず、わたあめの機械は親方夫婦の息子さんが切り盛りする組に譲りました。今も誰かが使ってくれているのではないでしょうか。残ったザラメや水飴、すもともあんずのシロップ漬けも賞味期限まで時間があったので、そのままお渡ししました。

そして、私たちの生活を支えてくれた屋台ですが……。これは父が一本になった時から使い続けたものです。約半世紀に渡って修繕しながら、最後の方はだましだまし使っていましたから屋台を支える鉄パイプは曲がっていますし、天幕もガムテープで修繕しているので誰かに譲るなんてできません。だからといって記念に家で保存する気もなく回収業者に持っていってもらいました。それまで商売道具を置いていた場所はスッキリしましたが、すももやあんずの甘酸っぱい香りは残ったままで……。

新型コロナに翻弄されたテキ屋業界

私たち一家の商売は終わりました。

「これで普通のおばあちゃんになります」なんて冗談めいたことを言っていた私ですが、テキ屋仲間と縁が切れたわけではありません。彼らが商売をしている場所が家の近所でしたら孫と一緒にひやかし半分で顔を出すこともあります。平日は時間が空いている仲間が多いのでお茶だってします。だから身を引いてもテキ屋業界の内情は分かりますし、情報も入ってきていました。彼らの声が悲痛の色に変わったのは2020年初頭のこと。そう、日本だけではなく世界中で猛威を振るった新型コロナウイルスです。

これまで私はテキ屋業界を衰退に追い込んだのはバブル崩壊、暴対法の施行、ネット社会への突入だと書いてきました。ただ、これは私の現役時代のことで、あくまでも〝衰退に追い込んだ〟ものでしかありません。まだ生き残る余地はあったと思います。

しかし、このコロナ禍はテキ屋にとどめを刺したといっても過言ではないことでしょう。

コロナの影響で祭事は一斉に中止になりました。そのことは、私にとって新型コロナウイルス感染症の症状以上に怖いと感じるものでした。

祭事は各宗教・宗派の教えに基づいて開催されます。そのため、人が集まりやすい休日ばかりでなく、平日に行われるものもたくさんありました。それは、その日にやらないと意味をなさないからです。

いわば祭事は、宗教にとって非常に大切な日。それすらも中止せざるを得ないのはよほどのことです。伝統に基づく行事が開催できないのは、まさに緊急事態なのです。だからこそ、私は新型コロナが怖いと思ったのです。

加えて、さまざまなお店が営業自粛や時短営業を強いられました。これが店舗を構えて営業されている飲食店でしたら、テイクアウトという多少の逃げ道はありましたが、テキ屋は商売をする機会すら奪われてしまいました。そもそも屋台は、テイクアウトの元祖のようなものなのに……。

このコロナ禍で台頭してきたのが、キッチンカーです。自動車に調理器具を設置して、移動販売をするスタイルで、商業施設などの駐車スペースで展開して、お昼休みの時間帯にはかなりの賑わいを見せていますよね。

もちろん、商売として否定はしませんよ。しかし、テキ屋と変わらないことをやっているのに、キッチンカーは非難されるケースが極端に少ないのは不思議です。運営している人が一般の方だからでしょうか。反社会的勢力とのつながりがないと思うからでしょうか。

コロナ禍の中でも規制が緩くなり、徐々にイベントが再開されるようになりました。しかし、そうした場に並ぶのは、テキ屋の屋台ではなくキッチンカーばかりです。その多くは、イベントの主催者に〝参加費〟を払って出店しているとか。これって、テキ屋が庭主にショバ代を払っているのと変わりないと思うのですが……。そもそも、そのイベンターだって、どこの業界とつながっているのか分からないですよね。

さて、コロナ禍で救いになったのは休業による補償金ですが、テキ屋仲間の中には適用されなかった者が少なくありませんでした。それはテキ屋側にも非がありました。たとえば、収益をどんぶり勘定にしていた者もいて、明細を残していないので収入が算出できず、補償以前に納税の問題が露呈してしまったケースもあります。これは自業自得でしょう。

しかし、どこの自治体とは書きませんが、「テキ屋だから」とまったく取り合ってくれないどころか、「補償の対象外では？」と言われた仲間がいました。裏側で反社会的勢力とつながっていると勘ぐったのでしょうか。

いずれにしても路頭に迷うテキ屋が多かったでしょうね。しかも、次の仕事を探すにしても〝元テキ屋〟という肩書が足かせになって再就職もままならない。これが現実です。

ただ、コロナ禍になってもめげずに突き進む猛者もいましたよ。

第三章で触れましたが、私たちはコロナの前から常にアルコールで手指を消毒していました。つまり、消毒用のアルコールを常に用意していたわけです。それも業務用の大きな容器に入ったものです。

コロナ禍で消毒液の需要が高まると、このアルコールを小分けにして販売するテキ屋が何人かでてきたんですね。流行りを読むことに長けたテキ屋ならではの商売でしょう。当時は、不織布マスクに加えて、手や指を消毒するためのアルコールが全国的に不足していましたから、このアルコール販売はかなり儲かったらしいです。販売方法を書くと色々と差しさわりがあるのでその詳細は省かせていただきますが、アルコールを販売していたテキ屋仲間によると、「1週間でテキ屋半年分の収入になった」のだそうです。

ちなみに、我が家は商売から身を引くときに当然のことながら大量のアルコールがあったのですが、「もう使わないから」と知り合いにあげてしまいました。

アルコールなんて腐るものではありませんから、置いとけばよかったですね。

世の中がアルコール不足になった時に「あれを取っておいたら俺らも金持ちになれてたね～」と弟と笑い合ったものです。

テキ屋稼業に未来はあるか？

それにしても、この先、テキ屋業界はどうなってしまうのでしょうか。

無責任な発言に聞こえるかもしれませんが、私たちは良いタイミングでテキ屋業界から身を引いたのではないかと思っています。

弟はテキ屋を廃業してから、私の夫の紹介で運送業に転職しました。コロナ禍で通販がもてはやされ、あらゆる配送業が忙しくなっているので弟は「俺は運が良かった」としみじみと言っています。やはり、私たちは運が良かったのでしょうか。そんなことを思いながら、ここ最近を過ごしています。

２０２２年になってから、少しずつですが昔の仲間から良い報告が届くようになりました。神社やお寺によっては初詣を再開するところが増えてきたそうです。そして、マスク着用、ビニール手袋着用、屋台と屋台の距離を空ける……といった条件付きながら商売ができるようになったといいます。屋台間に距離を作らなくてはいけないので、出店できるテキ屋も限られてきますが復活できるのは喜ばしい限りです。

第三章で、テキ屋稼業に携わっている者は食いっぱぐれないように世間の流行に敏感だと書きました。嗅覚は人一倍あるので、これからもきっと逆転できるチャンスはあると思います。その一環というわけではありませんが、最近では電子マネーによる決済サービスを導入するテキ屋が増えてきたとか。電子マネーであれば現金のやり取りによる接触も避けられますし、ご時世的にももっと広まるのではないでしょうか。これは近い将来、ほぼすべてのテキ屋が導入する可能性があると思います。

というのも、実は小銭の問題はテキ屋業界の悩みの種の一つだからです。

たとえば、あんず飴は1本200円で販売していますが、多くのお客さんが1000円札で支払います。そうなると、おつりは800円。このようなお客さんが数多くいることを想定すると、かなりの量の小銭が必要となってきます。

私などは、テキ屋時代、友人と食事をする際は、進んで幹事役を買って出ていました。飲食代を集めるとき、小銭が発生しますよね。それが目当てだったんです。

この小銭ですが、現在、銀行で両替をすると手数料がかかるのです。場合によっては両替した金額を手数料が上回る、なんて本末転倒なことも起こります。ですから、電子マネー決済はテキ屋業界にとってプラスな面は多いと思います。まぁ、私としては子どもが小銭を握って買いに来てくれることがテキ屋の醍醐味の一つだと思っていたので、少し寂しいのが本音ですけどね。

また、私自身は否定気味なキッチンカーですが、違う見方をすれば屋台と同じですから、テキ屋が導入するのも良いかもしれません。そうすれば、屋台を組み立てて、商売後にはバラして……といった作業を省略できますし、屋台の保管場所も気にせずに済みます。ただし、昨今のガソリン価格の高騰などを考えると……。屋台とキッチンカー、どちらがいいかはなかなか難しいところです。

ここまであれこれと書き連ねてきましたが、現実的に見れば、テキ屋はこれから衰退する一方だと思います。

ただ、それでもテキ屋はしぶとく生き残っていくことでしょう。

いや、生き残ってほしいのです。

たしかに、テキ屋にはグレーな部分があります。世間は、今後もそれらをハッキリさせるように求めてくると思います。

でも、本書で何度か述べたように、そのグレーな部分をすべて明かす必要はないと思うのです。

日本では、これまでずっと色々なものが〝曖昧〟なままにしておかれました。眉間にシワを寄せて「白黒はっきりつけなければならない！」などと言うようになったのは、せいぜいここ十数年のことです。

日本人というのは、本来、〝曖昧〟であることを楽しめる人たちであったはず。だったら、テキ屋もある程度は〝曖昧〟な部分を残したままでいいのではないでしょうか。

これからも日本全国に〝曖昧〟なものの楽しさを届けるために……。

テキ屋の役目は、まだ、きっとあるはずです。

だから、これからもがんばって商売を続けていってほしいと思うのです。

おわりに

人生にはいろいろなタイミングがあります。そのタイミングに乗ったのが良かったのか、悪かったのか。その答えが出るまでに時間はかかるものです。

私の場合、テキ屋を辞めたタイミングがまさにそれでした。

スッパリと決意したつもりでしたが、もう少しがんばってみても良かったのではないかと思うこともあります。そうすれば、昭和と平成、そして令和の3つの時代をテキ屋として過ごせたのに……。辞めてからそんなことを思うのは潔くありませんけど、きっとテキ屋稼業に未練があったということなのでしょう。

本書は、私の中学時代の同級生の協力があって、世に出ることになりました。

「杏子の半生ってすごいよね。本にしたら面白いんじゃない?」

そう言って、知り合いのいる出版社につないでくれたのです。

彼は私がテキ屋の娘だと知っても、変わらずに付き合ってくれた友人のひとりでした。その友人の励ましがなければ、こうして最後まで書くことはできなかったでしょう。改めてこの場で感謝したいと思います。

また、構成者の河合レンさんにも感謝を伝えたいです。私の拙い文章を素敵にまとめていただき、ありがとうございました。

原稿を書き終えたとき、改めて家の中を見渡してみました。

もうテキ屋時代の道具はひとつも残っていません。気がついたら、家の中にしみ込んでいた砂糖やあんず、すももの甘い香りもすっかり消えています。

私の中の、テキ屋だった証が消えていくようで、なんだか寂しい気持ちがしました。

でも、物事に終わりがあれば始まりもある。顔をあげて、新しい人生を歩んでいかねばなりません。

最後になりますが、かつての仲間たちが昔のように商売ができる環境が再び訪れることを心から祈っています。そして、本書を手に取り、最後まで読んでくださった皆さま、まことにありがとうございました。心より御礼申し上げます。

2023年1月　著者記す

■ 著者紹介
高里杏子（たかざと・きょうこ）
1960年代後半に東京の下町エリアにてテキ屋一家の長女として生まれる。父親のトラブルを契機に小学5年生の時よりテキ屋業に身を置く。以降、高校生～社会人経験を経て父親の体調不良を契機に1990年代より本格的にあんず飴売りのテキ屋になる。約40年にわたって売りさばいたあんず飴は数知れないものの諸般の事情が重なって2018年に自主廃業。現在は引退し、普通の主婦として生活している。

構成：河合レン
イラスト：花小金井正幸

家族でテキ屋をやっていました

2023年2月13日 第1刷

著　者　高里杏子
発行人　山田有司
発行所　株式会社　彩図社
東京都豊島区南大塚3-24-4
MTビル　〒170-0005
TEL:03-5985-8213　FAX:03-5985-8224
https://www.saiz.co.jp
https://twitter.com/saiz_sha

印刷所　新灯印刷株式会社

　ISBN978-4-8013-0643-1 C0195